LE BERGSONISME

베르그손주의

베르그손주의

초판1쇄 펴냄 2021년 07월 23일
초판2쇄 펴냄 2024년 12월 04일

지은이 질 들뢰즈
옮긴이 김재인
펴낸이 유재건
펴낸곳 (주)그린비출판사
주소 서울시 마포구 와우산로 180, 4층
대표전화 02-702-2717 | **팩스** 02-703-0272
홈페이지 www.greenbee.co.kr
원고투고 및 문의 editor@greenbee.co.kr

편집 이진희, 구세주, 민승환, 성채현 | **디자인** 이은솔, 박예은
독자사업 류경희 | **경영관리** 이선희

독자의 학문사변행學問思辨行을 돕는 든든한 가이드 _(주)그린비출판사

LE BERGSONISME

베르그손주의

질 들뢰즈

김재인 옮김

그린비

차례

약어표[*]

이 책에서는 베르그손의 작품을 아래와 같은 약어로 인용한다. DS는 4판에 따라 인용한다. 다른 모든 작품의 경우, 우선 PUF에서 출간된 백 주년 판의 쪽수를, 다음에는 그에 맞춰 1939년에서 1941년에 나온 중판들의 쪽수를 언급할 것이다. 예컨대 PM, 1271, 25는 『생각과 운동체』의 백 주년 판 1271쪽 및 1939년과 1941년 사이에 출간된 단행본 25쪽을 지칭한다.

DI　　*Essai sur les données immédiates de la conscience*, 1889[『의식에 직접 주어진 것들에 관한 시론』(이하 『시론』), 최화 옮김, 아카넷, 2001].

MM　　*Matière et mémoire*, 1896[『물질과 기억』, 박종원 옮김, 아카넷, 2005; 최화 옮김, 자유문고, 2017].

EC　　*L'évolution créatrice*, 1907[『창조적 진화』, 황수영 옮김, 아카넷, 2005; 최화 옮김, 자유문고, 2020].

ES　　*L'énergie spirituelle*, 1919[『정신적 에너지』, 엄태연 옮김, 그린비, 2019].

DS　　*Durée et simultanéité*, 1922[국내 출간본 없음. 이 책에서는 『지속과 동시성』으로 옮김].

MR　　*Les deux sources de la morale et de la religion*, 1932[『도덕과 종교의 두 원천』, 송영진 옮김, 서광사, 1998; 박종원 옮김, 아카넷, 2015].

PM　　*La pensée et le mouvant*, 1941[『사유와 운동』, 이광래 옮김, 문예출판사, 1993. 이 책에서는 『생각과 운동체』로 옮김].

● 　[편집자] 본래 약어에 대한 내용은 원서의 1장 주1에 포함되어 있었으나 독자들의 편의를 고려해 별도의 페이지로 분리하였다.

베르그손주의

| 일러두기 |

1 이 책은 Gilles Deleuze, *Le bergsonisme*, Paris: PUF, 2014(초판 1966)을 완역한 것이다. 이 책의 여백에 표시한 원서의 쪽수도 해당 판본을 기준으로 하였다.
2 옮긴이의 주는 각주 내용 앞에 '[옮긴이]'라고 썼으며, 본문과 각주 내용 중 옮긴이가 추가한 부분은 대괄호([ ])로 표기했다.
3 단행본·정기간행물의 제목에는 겹낫표(『』)를, 논문·단편의 제목에는 낫표(「」)를 사용했다.
4 원서에서 강조를 위해 첫 번째 알파벳을 대문자로 표기한 경우에는 작은 따옴표(' ')를, 전체 철자를 대문자로 표기한 단어에는 화살괄호(〈 〉)를 사용했다.
5 외국어 고유명사는 2002년에 국립국어원에서 펴낸 외래어표기법을 따라 표기하되, 베르그손 등 일부 인명 표기는 역자의 표현을 따랐다.

1장 방법으로서의 직관
: 방법의 다섯 가지 규칙

'지속', '기억', '생의 약동'은 베르그손 철학의 주요 여정을 나타낸다.
이 책의 목적은 이 세 개념 간의 관계를 규정하고, 그 개념들이 내포하
는 진전을 규정하는 것이다.

    직관은 베르그손주의의 방법이다. 직관은 느낌도 영감도 아니고
막연한 공감도 아니다. 그것은 공들여 만든 방법이며, 철학에서 가장
공들여 만든 방법의 하나다. 직관에는 엄격한 규칙들이 있으며, 이 규
칙들은 베르그손이 철학의 "정확함"이라 부른 것을 구성한다. 그 자신
방법적으로 이해하고 있듯, 실제로 베르그손은 직관은 이미 **지속**을 상
정하고 있다는 점을 강조했다. "지속에 대한 이런 고려는 우리에게 결
정적으로 보였다. 점차 우리는 이런 고려로 인해 직관을 철학적 방법
으로 삼았다. 한편 우리는 오랫동안 직관이라는 말 앞에서 주저했다."[1]
그는 회프딩에게 다음과 같이 쓰고 있다. "당신이 지속의 이론보다 훨 2
씬 더 강조하는 직관의 이론은 지속의 이론보다 훨씬 오랜 후에야 내

---

1) PM, 1271, 25.

1장 · 방법으로서의 직관 11

눈에 띄었을 뿐이다."[2]

그러나 첫 번째와 두 번째에는 많은 의미가 있다. 지속이나 기억과 관련해 직관이 두 번째라는 것은 분명하다. 그러나 이 개념들이 그 자체로는 살아 낸 현실들과 경험들을 가리킨다 해도, 아직 그것들은 우리에게 그것들을 **인식할** (과학의 정확함과 유사하게 정확한) 그 어떤 수단도 제공하지 않는다. 기묘하게도 이렇게 말할 수 있겠다. 마침 베르그손 고유의 의미에서 방법으로서의 직관이 없었다면, 지속은 단지 일상적인 의미에서 직관적인 채로 남아 있었으리라. 사실 베르그손은 철학을 절대적으로 "정확한" 분과로 세우기 위해 직관의 방법에 기대를 걸었다. 그럼으로써 과학이 자기 영역에서 그러하듯 자기 영역에서 정확하며, 과학 자체만큼이나 연장될 수 있고 전달될 수 있는 분과가 되었으면 했다. 그리고 직관이라는 방법적 실이 없었다면, '지속', '기억', '생의 약동' 간의 관계 자체도 인식의 관점에서 미규정인 채로 남았으리라. 이 모든 점에서 우리는 엄밀하고 정확한 방법으로서 직관을 설명의 전경前景에 두어야만 한다.[3]

가장 일반적인 방법론적 물음은 다음과 같다. 방법이 본질적으로 하나나 여러 개의 매개를 내포할진대, 무엇보다 직접적 인식을 가리키는 직관이 어떻게 방법을 형성할 수 있을까? 종종 베르그손은 직관을 단순한 행위라고 제시한다. 그러나 베르그손에 따르면 단순성은 질적·잠재적 다양체를 배제하지 않으며, 그것이 자신을 현행화하는 다

---

2) 『회프딩에게 보내는 편지』(Lettre à Höffding), 1916(『저술과 말』Ecrits et paroles, t. III, p. 456 참조).
3) 『시론』과 『물질과 기억』에서 **직관**이라는 단어의 사용과 그 개념의 발생에 대해서는 레옹 위송 (Léon Husson)의 책, 『베르그손의 주지주의』(L'intellectualisme de Bergson), Paris: PUF, 1947, pp. 6~10 참조.

양한 방향을 배제하지 않는다. 그런 의미에서 직관은 의미의 복수성과 환원 불가능한 다양한 관점의 복수성을 내포한다.[4] 베르그손은 방법의 규칙들을 규정하는 세 종류의 행위를 본질적으로 구별한다. 첫째 규칙은 문제의 설정 및 창조와 관련된다. 둘째 규칙은 본성의 진정한 차이들의 발견과 관련된다. 셋째 규칙은 실재하는 시간[진짜 시간]의 파악과 관련된다. 일반적인 방법론적 물음에 답하기 위해서는, 어떻게 한 의미에서 다른 의미로 가는지, 그리고 무엇이 "근본적 의미"인지 보여 줌으로써 직관의 단순성이 **살아 낸 행위**라는 걸 알아채야 한다.

* * *

첫째 규칙: 맞고 틀리고眞僞**의 시험을 문제들 자체에 두고, 가짜 문제는 고발하고, 진실과 창조를 문제의 층위에서 화해시켜라.**[5]

실제 우리는 맞고 틀리고가 답解하고만 관련되며 답에서 맞고 틀리고가 시작된다고 믿는 실수를 범하고 있다. 이 편견은 사회적이다 (사회와 사회의 명령어mots d'ordre[6]를 전달하는 언어활동langage은,[7] 마치 "도시

---

4) PM, 1274~1275, 29~30.

5) [옮긴이] 보통은 vrai와 faux는 참(vrai, 眞)과 거짓(faux, 僞)으로 옮기지만, 들뢰즈가 말하듯 참과 거짓은 '답'과 관련해서만 성립한다. 따라서 문제의 층위에서는 '진짜와 가짜'로 이해하는 것이 좋다.

6) [옮긴이] 명령어에 대해서는 『천 개의 고원』의 네 번째 고원인 「언어학의 기본 전제들」에서 자세히 설명된다. 여기서 명령은 이른바 '명령문'에서 명시적으로 드러나는 명령을 가리키는 게 아니고, 모든 언어활동 중에 청자에게 전달되는 요구를 가리킨다. 겨울에 교사가 학생들에게 "저쪽 창에서 바람이 들어오네"라고 말했다고 하자. 이 진술이 평서문이더라도, 그 말은 '문을 닫아라'라는 명령을 담고 있다. 들뢰즈에 따르면, 이 점에서 모든 언어활동은 곧 명령이다.

7) [옮긴이] 프랑스어 langue(랑그)는 보통 추상적이고 보편적인 뜻으로 쓰며 '언어'로 옮긴다. 들뢰즈의 철학에서는 소쉬르와 촘스키가 염두에 둔 언어를 가리킨다. 한편 langage(랑가주)는

의 행정 서류함"에서 나온 것인 양 틀에 박힌 문제들을 "내놓고는", 우리에게 자유의 여지를 거의 허용하지 않으면서 문제들을 "풀라고" 강요하기 때문이다). 더욱이 이 편견은 유년 교육과 관련된다. 문제를 "내는" 사람은 유치원 선생님이고, 학생의 임무는 답을 찾는 것이다. 이렇게 해서 우리는 일종의 예속 상태에 갇혀 있었다. 참된 자유는 문제 자체를 결정하고 구성하는 능력에 있다. "거의 신적인" 이 능력은 참된 문제를 창조적으로 솟아나게surgir 하는 것만큼이나 가짜 문제를 소거하는 것을 내포한다. "진실로 철학에서, 또한 다른 것에서도, 문제를 푸는 것보다 문제를 **발견**하고 그 결과 문제를 **설정**하는 것이 중요하다. 사변적인 문제는 잘 설정되자마자 풀려 버리기 때문이다. 이 말은 어떤 문제의 답이 숨겨진 채로, 말하자면 덮인couverte 채로 있을지라도, 답은 그 즉시 존재한다는 뜻이다. 이제 남은 건 답을 **들추는**découvrir, 發見 것뿐이다. 그러나 문제 설정하기는 단순히 발견하기가 아니라 발명하기다. 발견은 현행적으로든 잠재적으로든 이미 존재하는 것과 관계된다. 따라서 그것은 조만간 올 것이 분명하리라. 발명은 없었던 것에 존재를 부여한다. 그렇지 않았다면 그것은 절대로 올 수 없었으리라. 형이상학에서는 말할 것도 없고, 이미 수학에서 발명하려는 노력은 대개 문제를 생겨나게 하는 데, 문제를 설정할 수 있게 해주는 항들을 창조하는 데 있다. 문제의 설정과 문제의 답은 여기서 우열을 가르기 어려우리만큼 아주 가까이 있다. 참된 위대한 문제는 풀릴 때만 정립된다."[8]

---

langue와 구별해서 실천적이고 구체적인 뜻으로 쓰이며 '언어활동'으로 옮긴다. 옐름슬레우는 langue가 아니라 langage를 언어학의 대상으로 본다. 영어에서는 둘 다 language로 옮기기 때문에 뜻이 구별되지 않는다.

8) PM, 1293, 51~52. "거의 신적인 상태"에 대해서는 1306, 68 참조.

베르그손에게 근거를 주는 것은 수학의 전 역사만이 아니다. 베르그손 텍스트의 마지막 구절은 실천 자체에 유효한 마르크스의 다음 공식과 비교할 수 있으리라. "인류는 자신이 풀 수 있는 문제들만 설정한다." 두 사람의 경우에, 문제란 미리 존재하는 답의 그림자와 같다는 점이 핵심이 아니다(모든 문맥은 그 반대를 가리킨다). 문제만 중요하다는 얘기는 더더욱 아니다. 반대로, 중요한 것은 바로 답이지만, 문제는 항상 문제가 설정되는 방식에 따라, 문제가 문제로서 규정되는 조건에 따라, 문제를 설정하기 위해 채택되는 수단과 항에 따라, 응분의 답을 갖는다. 이런 의미에서 인간의 역사는 실천적 관점에서나 이론적 관점에서나 문제 구성의 역사다. 바로 이 점에서 인간은 자기 고유의 역사를 만들며, 이 활동에 대한 의식은 자유의 정복과도 같다. (실로 베르그손한테 문제라는 개념은 역사를 넘어 생명 자체에, 생의 약동에 뿌리를 두고 있다. 장애물을 피하고 문제를 정립하고 푸는 행위에서 본질적으로 규정되는 건 바로 생이다. 유기체의 건설은 문제 정립인 동시에 답이다.)[9]

하지만 문제 안에 있는 이 구성 능력과 참이라는 규범은 어떻게 화해될까? 만약 문제가 설정되었을 때 답과 관련해 맞고 틀리고를 정의하는 것이 상대적으로 쉽다면, 맞고 틀리고를 문제 설정 자체에 적용할 때 맞고 틀리고가 어디에 있는지를 말하는 건 훨씬 어려운 것 같다. 많은 철학자가 이 점에 관해 순환에 빠진 것 같다. 그들은 맞고 틀리고의 시험을 답을 넘어 문제 자체에서 둘 필요성을 의식했지만, 답을 받아들일 가능성 또는 불가능성에 의해 문제의 진위를 정의하는 데 만족했다. 반대로 베르그손의 위대한 공헌은 "가짜 문제"라는 표현 속

---

9) 베르그손에 따르면, **문제**라는 범주는 **필요**라는 부정적 범주보다 **생물학적으로** 훨씬 중요하다.

6

에서 틀림에 대한 내재적 규정을 시도했다는 점이다. 이로부터 앞의 일반 규칙의 보충 규칙이 나온다.

보충 규칙: 가짜 문제에는 두 종류가 있다. 먼저 "없는 문제"란 그 항 자체가 "더"plus와 "덜"moins의 혼동을 내포하고 있다고 정의된다. 다음으로 "잘못 정립된 문제"problèmes mal posés란 그 항이 잘못 분석된 복합물들을 표상하고 있다고 정의된다.

첫째 유형의 예로 베르그손이 제시하는 것은 비존재non-être의 문제, 무질서의 문제, 가능의 문제다(인식의 문제들과 존재의 문제들). 둘째 유형의 예로는, 자유의 문제 또는 강도intensité, 强度의 문제가 있다.[10] 이 점에 관한 그의 분석은 유명하다. 첫째 경우를 보면, 그의 분석이 보여주듯, 존재의 관념보다는 비존재의 관념에, 질서의 관념보다는 무질서의 관념에, 실재의 관념보다는 가능의 관념에, 무언가가 **덜** 있지 않고 오히려 **더** 있다. 사실상 비존재의 관념에는 존재의 관념이 있으며, 이

---

10) PM, 1336, 105. 베르그손의 텍스트에 따라 예들의 분포가 변한다. 이는 놀랄 일이 아니다. 앞으로 보겠지만 각각의 가짜 문제는 다양한 비율로 그 두 양상을 나타내고 있기 때문이다. 가짜 문제로서의 자유와 강도에 대해서는 1268, 20 참조.

[옮긴이] 베르그손이 『의식에 직접 주어진 것들에 관한 시론』에서 분석하는 것 중 하나가 '강도'라는 가짜 문제. 강도를 뜻하는 intensité는 여기서 말 그대로 '강하고 약한 정도'를 뜻한다. 하지만 다른 한편 들뢰즈는 칸트의 『순수이성비판』에 힘입어 intensité를 다른 맥락에서 재해석한다. 칸트는 공간에 드러나는 양인 '외연량'에 대립해서 '내공량'을 찾아낸다. "무릇 감각 그 자체는 전혀 아무런 객관적 표상도 아니고, 감각 안에서는 공간에 대한 직관도 시간에 대한 직관도 발견되지 않으므로, 감각에 연장적 크기가 속하는 것은 아니지만, 일종의 크기, — 말하자면, 그 안에서 어떤 시점에서의 경험 의식이 무=0에서부터 일정한 정도까지 증가할 수 있는 감각의 포착에 의해 — 그러니까 **내공적 크기**는 속한다. 이 내공적 크기에 대응해서 지각의 모든 객체에는, 이 지각이 감각을 함유하는 한에서, **내공적 크기**, 다시 말해 감관에 미치는 영향의 도[度]가 부여되지 않을 수 없다"(칸트, 『순수이성비판』, B208). 들뢰즈는 이 내공량을 '힘'의 일종으로 해석하며, 적어도 『안티 오이디푸스』 이후에는 intensité 및 그 형용사인 intensif를 '내공'이라는 뜻으로 사용한다. 『안티 오이디푸스』 프랑스어판 p. 25, 한국어판 48쪽 이하 참조. 또 『프랜시스 베이컨: 감각의 논리』 10장 참조.

에 더해 일반화된 부정이라는 논리적 조작 더하기 이 조작 특유의 심리적 동기가 있다(어떤 존재가 우리의 기대에 미치지 못해, 우리에게 흥미로운 것의 결핍, 부재로만 존재를 파악하기에). 무질서의 관념에는 이미 질서의 관념이 있으며, 이에 더해 질서의 부정 더하기 이 부정의 동기가 있다(우리가 기대한 질서가 아닌 질서를 만날 때). 가능의 관념에는 실재의 관념에 있는 것보다 더한 것이 있다. "가능은 일단 실재에다, 일단 실재가 생산되었을 때 그것의 이미지를 과거로 되던지는 정신 행위"와 이 행위의 동기가 "덧붙은" 것일 뿐이기 때문이다(우리가 우주에서의 실재의 솟아남과 닫힌 시스템에서의 상태들의 계속을 혼동하기에).[11][12]

7

우리가 "왜 무無라기보다 어떤 것이 있는가?" 또는 "왜 무질서라기보다 질서인가?" 또는 "(저것도 똑같이 가능한 것이었을 때) 왜 저것이라기보다 이것인가?"라고 물을 때, 우리는 똑같은 악습에 빠진다. 우리는 더를 덜로 오해해서, 존재보다 비존재가, 질서보다 무질서가, 실존보다 가능이 앞서 있었던 양 군다. 마치 존재가 공空을 메우게 되고, 질서가 선행하는 무질서를 조직하게 되고, 실재가 으뜸의 가능을 실현하게 되는 것처럼 말이다. 존재, 질서, 실존물이 진실 자체다. 그러나 가짜 문제에는 근본적인 가상,[13] "참의 퇴행 운동"이 있다. 바로 이것 때문에

---

11) [옮긴이] 솟아남(surgissement)은 보통 의미의 인과 사슬과 무관하게 어떤 일이 발생하는 것을 뜻하며, 계속(succession)은 인과 사슬을 따라 어떤 일이 이어지는 것을 뜻한다.

12) PM, 1339, 110. 무질서와 비존재 비판에 대해서는 EC, 683, 223 이하; 730, 278 이하 참조.

13) [옮긴이] 가상(프랑스어, 영어 illusion, 독일어 Schein)이란 환상이나 착각이 아니다. 가상은 '인간의 인식 능력에 대해 진실처럼 보이지만 실제로는 오류인 것'을 뜻한다. 특히 칸트에게는 주의를 기울인다고 해서 방지할 수 있는 게 아닌 가상, 즉 경험적 가상이나 단순한 논리적 가상이 아닌 '초월론적 가상'이 문제가 된다. 초월론적 가상은 '이성이 스스로 만들어 내는 이념, 즉 이성의 주관적 원리를 객관적이라고 간주할 때' 발생한다. 지금 문맥에서는, 우리가 가짜 문제를 던지고 나서 거기에 답하려고 하는 행위가 오류를 낳기에 가짜 물음을 해소하고 참된 물음을

존재, 질서, 실존물은 원초적이라고 상정된 가능성, 무질서, 비존재 속으로 자기 이미지를 역투사함으로써, 자신이 먼저라고 혹은 자신을 구성하는 창조적 행위보다 먼저라고 여기게 한다. 이 주제는 베르그손의 철학에서 본질적이다. 이 주제는 부정적인 것에 대한, 또한 가짜 문제의 원천인 모든 부정의 형식에 대한 그의 비판을 요약한다.

가짜 문제의 둘째 유형인 잘못 정립된 문제는 다른 메커니즘을 개입시키는 것 같다. 이번에 관건은 잘못 분석된 복합물인데, 사람들은 그 속에 **본성에 있어 차이가 나는** 사물들[14]을 자의적으로 한데 모은다. 예컨대 사람들은 행복이 쾌로 환원되는지 아닌지 묻는다. 그러나 쾌라는 용어는, 행복이라는 관념도 마찬가지지만, 아마도 환원 불가능한 매우 잡다한 상태를 아우르고 있다. 항들이 "자연적 마디들"에 응하지 않는다면, 그 문제는 "사물들의 본성 자체"와 관련되지 않기 때문에 가짜다.[15] 거기서도 베르그손의 분석은 유명하다. 그는 강도를 그런 복합적인 무언가라고 고발한다. 사람들이 감각의 질을, 그에 상응하는 근육 공간이나 그것을 생산하는 물리적 원인의 양과 혼동할 때, 강도라는 개념은 본성에 있어 차이가 나는 규정들 사이에서 불순한 혼합물을 내포하며, 그래서 "감각이 얼마나 커지는가?"라는 물음은 항상 잘못 정립된 문제로 되돌아가고 만다.[16] 자유의 문제도 마찬가지인데, 거기서

정립함으로써 질곡을 극복해야 한다고 들뢰즈는 주장하고 있다.

14) [옮긴이] 프랑스어 chose, 독일어 Ding, 영어 thing은 모두 라틴어 res에 대응하는데, 순우리 말로는 '(있는) 것'이라고 이해할 수 있고, 한자어로는 보통 물(物) 혹은 사물(事物)이라고 옮긴다. 현대적으로 시공간 안에 있는 것뿐 아니라 논리적 공간이나 관념적 공간에 있는 경우에도 이 단어를 쓸 수 있다.

15) PM, 1293~1294, 52~53.

16) DI, ch. 1 참조.

는 두 유형의 "다양체", 즉 공간에 나란히 놓인 항들의 다양체와 지속에 의거하고 있는 상태들의 다양체가 혼동되고 있다.

가짜 문제의 첫째 유형으로 돌아가자. 베르그손은 말하기를, 사람들은 거기서 더를 덜로 오해한다. 그러나 사람들은 거기서 덜을 더로 오해한다고 베르그손이 말하는 일도 있다. 행동에 대한 회의가 겉으로만 행동에 첨가될 뿐 실제로는 의지박약을 보여 주듯, 부정은 **그것이 부정하는 것**에 첨가되는 것이 아니며 **부정하는 자**의 나약함을 증언할 뿐이다. "신과 같은 창조적 의지나 생각은 막대한 실재성 속에서 그 자체로 너무나 충만하므로, 질서의 결핍이나 존재의 결핍이라는 관념은 꿈에도 떠올릴 수가 없다고 우리는 느낀다. 무의 가능성은 말할 것도 없고, 절대적 무질서의 가능성이 표상된다는 것마저도 그것이 전혀 존재하지 않았을 수도 있었다고 스스로 혼잣말을 하는 셈이며, 이렇게 되면 자신의 본성인 힘과 양립 불가능한 약함이 있는 것이리라… 이것은 더가 아니라 덜이다. 이것은 의지의 결여다."[17] — 비존재가 존재와 관련해서 때로는 더한 것으로 때로는 덜한 것으로 제시되는 이 두 공식 사이에는 모순이 있을까? "없는" 문제에서 베르그손이 고발한 것이 **아무튼** 더와 덜의 견지에서 생각하는 강박증이었다는 점을 생각한다면, 모순은 존재하지 않는다. 무질서의 관념이 나타나는 건, 둘 또는 그 이상의 환원 불가능한 질서가 있다(가령 생명의 질서와 기계론의 질서가 있어, 하나가 현존하면 다른 하나는 없다)는 것을 보는 대신, 질서의 일반 관념을 고수하기만 하면서 무질서에 대립하고 무질서의 관념과 상관관계 속에서 생각하는 데 만족할 때다. 비존재의 관념이 나타나는

9

17) PM, 1304~1305, 66.

건, 서로 무한정 대체되는 서로 다른 현실들을 파악하는 대신, 오직 무와 대립되고 무와 관련될 수 있을 뿐인 '존재 일반'의 등질성 속에서 우리가 현실들을 혼동할 때다. 가능의 관념이 나타나는 건, 각각의 실존물을 각각의 새로움 속에서 파악하는 대신, 실존 전부를 미리 형성된 요소와 관련짓고 모든 것을 그것의 단순한 "실현"에 의해 나오리라 여길 때다.

요컨대, 더나 덜의 견지에서 생각할 때마다, 이미 두 질서, 두 존재, 두 실존물 간 본성의 차이들을 무시하는 셈이다. 이로써 **첫째 유형의 가짜 문제가 최종 심급에서 어떻게 둘째 유형의 가짜 문제 위에 다시 정립되는지 볼 수 있다.** 무질서의 관념은 잘못 분석된 복합체인 질서라는 일반 관념에서 태어나고, 등등. 그리고 아마도 사고의 가장 일반적인 잘못, 과학과 형이상학에 공통되는 잘못은, 모든 것을 더와 덜의 견지에서 착상하고, 더 근본적으로 본성의 차이들이 있는 데서 단지 정도의 차이 또는 강도의 차이만을 보는 것이다.

따라서 우리는 근본적인 가상에 사로잡혀 있는데, 이는 가짜 문제의 두 양상에 상응한다. 가짜 문제라는 개념 자체는 사실, 우리가 단순한 오류들(틀린 답)과 싸워야 하는 게 아니라 더 심오한 어떤 것들과 싸워야 한다는 것을 내포하고 있다. 즉 우리를 끌고 가는, 우리가 젖어 있는, 우리의 조건과 분리 불가능한 가상과 싸워야만 한다. 베르그손이 가능의 역투사에 관해 말할 때의 그런 신기루. 베르그손은 완전히 변형할 것을 각오하고 칸트의 관념을 빌려 왔다. 이성은 자신의 가장 깊은 곳에서 오류가 아니라 단지 그 효과를 예방할 수 있을 뿐인 **불가피한** 가상을 발생시킨다는 점을 보여 준 사람이 바로 칸트이다. 베르그손은 가짜 문제의 본성을 완전히 다르게 규정하지만, 또 베르그손에게는 칸트적 비판 자체가 잘못 정립된 문제의 총합으로 보이지만, 그는 칸트의 방식과 유사한 방식으로 가상을 취급한다. 가상은 지능의 가장 깊은 곳에 자리 잡고 있으며, 적절하게 말하자면 해소되지도 않고 해소될 수도 없으며 다만 **억압될**refoulée 수 있을 뿐이다.[18] 우리에겐 더와 덜의 견지에서 생각하는 경향성이, 다시 말해 본성의 차이들이 있는 곳에서 정도의 차이들을 보는 경향성이 있다. 이 지능의 경향성에 맞서 우리는, 여전히 지능 **안에서** 지능의 또 다른 경향성인 비판을 불러일으키면서 반발하는 수밖에 없다. 그러나 이 두 번째 경향성은 정확히 어디서 오는가? 직관만이 그러한 비판적 경향성을 불러일으키고 활력을 줄 수 있는데, 왜냐하면 직관은 정도의 차이들 밑에서 본성의 차이들을 발견하며 진짜 문제와 가짜 문제를 구별하게 해주는 기준들을 지능에 전달하기 때문이다. 베르그손은 지능이란 문제 일반을 정립하는 능력이라는 것을 잘 보여 준다(본능은 오히려 답을 찾는 능력이리라).[19] 그러나 직관만이 정립된 문제 안에서 맞고 틀림을 결정한다. 그리하여 지능이 지능 자신에 등을 돌리게 밀어붙이게 될지라도 말이다.

11

* * *

둘째 규칙: 가상과 싸우고, 진짜 본성의 차이들 또는 실재의 마디들을 재발견하라.[20]

---

18) PM, 1306, 68의 대단히 중요한 주를 참조.

19) EC, 623, 152.

20) 본성의 차이들 혹은 실재의 마디들은 베르그손 철학의 항구적인 용어이자 주제다. 특히 PM의 서론과 다른 곳들을 참조. 바로 이런 의미에서 우리는 베르그손의 플라토니즘(나눔의 방법)에

베르그손의 여러 이원론은 유명하다. 가령 지속-공간, 질-양, 이종-동종, 연속-불연속, 두 가지 다양체, 기억-물질, 회상-지각, 이완-응축, 본능-지능, 두 원천 등.[21] 베르그손이 자기 책의 매 페이지 위에 적어 놓은 표제도 이원론에 대한 취향을 보여 준다. 그렇지만 이원론이 그의 철학의 맺음말은 아니다. 그렇다면 그것들의 의미는 무엇일까? 베르그손에 따르면, 언제나 관건은 복합물을 자연적 마디들에 따라 나누는 것, 다시 말해 본성에 있어 차이가 나는 요소들로 나누는 것이다. 방법으로서의 직관은 나눔의 방법, 플라톤 정신에 따른 방법이다. 베르그손은 사물들이 사실상 현실에서 혼합되어 있다는 걸 모르지 않았다. 경험 자체는 우리에게 복합물만을 제공한다. 하지만 나쁜 점은 거기 있지 않다. 예컨대 우리는 시간을 공간이 스며들어 있는 표상으로 만든다. 애석한 건, 우리가 이 **표상** 안에서 본성에 있어 차이가 나는 두 구성 요소, 즉 지속과 연장된 것이라는 두 순수 **현존들**présences 을 더는 구별할 줄 모른다는 점이다. 우리는 연장된 것과 지속을 너무도 잘 혼합하기 때문에, 그 둘의 혼합물을 비공간적이면서도 비시간적이라고 추정되는 원리에 대립시킬 수밖에 없다. 그런데 이 원리에 비교하면 공간과 시간, 지속과 연장된 것은 단지 퇴락에 불과하다.[22] 다

12

대해 말할 수 있다. 그는 재단과 좋은 요리사에 대해 플라톤 텍스트를 즐겨 인용했다. EC, 627, 157 참조.

21) [옮긴이] 여기서 '회상'의 원어는 souvenir이며, 대체로 '심리적 기억' 또는 '심리적 기억으로 되는 존재론적 기억'을 지칭한다. 반면 '그 자체로 있는 존재론적 기억' 혹은 '기억 일반'은 mémoire이며, '기억'으로 옮겼다. 본디 베르그손은 이 두 용어를 정확하게 구별하지 않고 사용했는데, 이 책에서 들뢰즈는 그 둘을 엄밀하게 구별하려 했다. 이런 독해 방식을 놓고 들뢰즈의 해석이 정확하지 않다고 타박할 필요는 없다. 들뢰즈는 항상 원저자가 미처 파악하지 못한 깊이까지 파고들어 가는 실천을 강조했기 때문이다.

22) EC, 764, 318.

른 예를 들면, 우리는 회상과 지각을 혼합한다. 하지만 우리는 지각으로 돌아가는 것과 회상으로 돌아가는 것을 더는 가려낼_{reconnaître} 줄 모르며, 표상 안에서 물질의 순수 현존과 기억의 순수 현존을 더는 구별할 줄 모르고, 나아가 회상-지각과 지각-회상[23] 사이에서 정도의 차이들만을 볼 뿐이다. 요컨대 우리는 그 자체가 불순하며 이미 혼합되어 있는 단위_{unité}[24]를 갖고 혼합물들을 측정한다. 우리는 복합물들의 근거_{raison}를 상실해 버렸다. 베르그손한테서 **순수**에 대한 강박은 이런 본성의 차이들을 복원하려는 데서 생겨났다. 본성에 있어 차이가 나는 것만을 순수하다고 얘기할 수 있지만, **경향성들**만이 본성에 있어 차이가 난다.[25] 따라서 관건은, 질적이며 질이 있는 경향성들에 따라, 다시 말해 각각 운동과 운동의 방향이라고 정의되는 지속과 연장된 것을 (즉 응축-지속과 이완-물질을) 조합하는 방식에 따라, 복합물을 나누는 것이

---

23) [옮긴이] '회상-지각'과 '지각-회상'. 프랑스어에서 하이픈(-)으로 단어를 연결할 때는 크게 두 가지 용법이 있다. 하나는 두 단어의 병렬이다. 가령 '시간-공간'이라고 하면 '시간과 공간'이라는 뜻이다. 이 경우에는 단어 순서를 그대로 놓더라도 무방하다. 또 하나는 앞 단어가 뒤의 단어를 수식하는 경우다. 가령 '회상-지각'이라고 하면, 초점은 '지각'에 맞춰져 있되, 그것이 '회상'의 성격을 갖고 있다는 뜻이다. 즉 지각이지만 회상이 덮어쓴 지각이 된다. 한편 '지각-회상'이라고 하면, 초점이 '회상'에 있되, 그것이 '지각'의 성격을 갖는다는 뜻이다. 즉 회상이지만 지각이 덮어쓴 회상이다. 이 경우, 프랑스어는 앞 단어를 뒤에서 수식하기 때문에, 한국어 번역에서는 단어의 순서를 바꾸어야 한다.

24) [옮긴이] 프랑스어 un은 '하나' 또는 '1'을 가리키며, 부정관사(un/une)이기도 하다. 이것의 명사형이 unité다. 이 단어는 영어로 unit과 unity를 동시에 뜻한다. 따라서 우리말로는 문맥에 따라 단위, 단일체, 단일성으로 옮겼다. 전통적으로 un과 짝을 이루는 단어가 multiple, 즉 '여럿'이며, 명사형이 multiplicité다. 리만기하학과 베르그손 철학의 전통을 계승한 들뢰즈 철학에서 이 단어는 '다양체'로 옮긴다. 전통적으로 대문자를 써서 'l'Un'과 'le Multiple'이라고 하면, 하나와 여럿, 일자(一者)와 다자(多者)의 대립을 떠올릴 수 있는데, 베르그손은 이 대립을 가짜라고 비판하며, 새로운 다양체이론을 세운다.

25) 가령, **순수** 상태에서만 경향들로 분해될 수 있는 복합물을 구성하는 지능과 본능에 대해, EC, 610, 137 참조.

13 다. 나눔의 방법으로서의 직관은 [칸트의] 초월론적 분석과 유사성이
없지 않다. 복합물이 사실을 표상한다 해도, 그것은 **권리**상으로만 존재
할 뿐인 경향성들 혹은 순수 현존들로 나누어야만 한다.[26] 우리는 경험
을 넘어 경험의 조건들로 간다(그러나 후자는 칸트식으로 하면 모든 가능
한 경험의 조건들이 아니라, 진짜 경험의 조건들이다).

　　베르그손의 라이트모티프는 이렇다. 사람들은 본성의 차이가 있
는 곳에서 정도의 차이만을 보아 왔다. 베르그손은 아주 다양한 주요
비판을 이 지휘관 아래에 집결시킨다. 형이상학에 대해 그는 공간화된
시간과 일차적이라고 가정된 영원 사이에서 정도의 차이만을 보아 왔
다는 점을 본질적으로 비난한다(존재의 퇴락, 이완 혹은 저하로서의 시간).
모든 존재자들은 완전함과 무라는 두 극한 사이에서 강도의 척도로 정
의되었다. 하지만 그는 과학에 대해서도 유사한 비난을 들이댄다. 공간
화된 시간을 여전히 내세우는 것 말고는 **기계론**mécanisme의 정의는 없는
데, 기계론에 따르면 존재자들은 이제 정도, 위치, 차원, 비율의 차이만
을 내세운다. 진화론이 단선적 진화를 전제하는 한, 그리고 한 생명 조
직에서 다른 생명 조직으로 이행할 때 정도상의 단순한 중개, 변천, 변
주 등을 거쳐 간다고 주장하는 한, 심지어 진화론에도 기계론적인 면
이 있다. 우리를 짓누르는 가짜 문제와 가상의 모든 원천은 진짜 본성
의 차이에 대한 이런 무지 속에서 드러난다. 『물질과 기억』 1장에서부
14 터 베르그손은, 한편으로 지각과 변용affection 사이에 있고 다른 한편 지

---

26) "사실상-권리상"(en fait-en droit)의 대립에 대해서는 MM, ch. 1 참조(특히 213, 68). 그리고 "현
존-표상"(présence-représentation)의 구별에 대해서는 185, 32 참조[칸트의 초월론적 연역 앞부
분 참조].

각과 회상 사이에 있는 본성의 차이에 대한 망각이, 어떻게 우리에게 우리 지각의 비연장적 성격을 믿게 함으로써 모든 종류의 가짜 문제를 낳는지를 보여 준다. "우리 바깥으로 순수하게 내적인 상태들을 투사한다는 이러한 관념에서, 잘못 정립된 물음에 대한 그만큼의 오해와 그만큼의 절뚝거리는 답변을 발견하게 되리라…."[27]

『물질과 기억』 1장은 직관을 나눔의 방법으로 다룸으로써 생기는 복잡성을 다른 어떤 텍스트보다 분명히 보여 준다. 표상을 그것을 조건 짓는 요소들로, 즉 본성에 있어 차이가 나는 순수 현존들 혹은 경향성들로 나누는 것이 중요하다. 베르그손은 어떻게 나아가는가? 먼저 그는 무엇과 무엇 사이에 본성의 차이가 있을 수 있는지(혹은 없는지)를 묻는다. 첫 번째 대답은 이렇다. 뇌는 여러 다른 이미지 중 한 "이미지"이며 여러 다른 운동 중에서 특정한 운동들을 확보해 주기에assurer, 뇌의 이른바 지각 능력과 골수의 반사 기능 사이에는 본성의 차이란 있을 **수 없다**. 따라서 뇌는 표상을 제작하지 않으며, 단지 받아들인 운동(흥분)과 수행된 운동(반응) 사이의 관계를 복잡하게 할 뿐이다. 그 둘 [즉 자극과 반응] 사이에서 뇌는 때로는 수용된 운동을 무한히 나누고 때로는 수용된 운동을 다수의 가능한 반작용 속으로 연장하면서 간격écart을 설립한다. 비록 회상이 이 간격에서 이익을 얻는다고 해도, 혹은 엄밀히 말하자면 회상이 "자신을 사이에 끼워 넣는다" 해도, 바뀌는 건 하나도 없다. 우리는 당분간 회상을 다른 "선"[28]에 참가하는 것으

---

27) MM, 197, 47.

28) [옮긴이] 베르그손은 모든 현상을 복합물로 보기 때문에 그것을 구성하는 여러 선을 추적해서 복합물의 순수 요소들을 찾아낸다. 이는 '사실'의 문제에 머무르지 않고 '권리' 혹은 '원리'의 수준에서 분석하겠다는 뜻이다.

로서 제거할 수 있다. 우리가 지금 추적하고 있는 선 위에서 우리는 단지 물질과 운동을, 다소는 복잡하고 다소는 지연된 운동을 가질 뿐이며 또 그것만을 가질 수 있다. 우리가 지각도 이미 이런 식으로 가지는지 아닌지를 아는 일이 핵심이다. 실제로 뇌의 간격 덕에 존재자는 물질 객체와 거기에서 나오는 행동들에서 흥미를 끄는 것을 잡아 둘 수 있을 따름이다.[29] 그래서 지각은 객체 **더하기** 어떤 것이 아니라, 객체 **빼기** 어떤 것, 즉 객체에서 우리의 관심을 끌지 않는 모든 것을 빼내기다. 객체 자체는 **순수한** 잠재적 지각과 뒤섞여 있다고, 그와 동시에 우리의 진짜 지각은 우리의 관심을 끌지 않는 것만 빼고soustraire 남은 객체와 뒤섞여 있다고 말할 수 있다. 이로부터 다음과 같은 베르그손의 유명한 테제가 나오며, 우리는 뒤에서 그 모든 귀결을 분석할 것이다. 우리는 사물이 있는 곳에서 사물을 지각하며, 지각은 우리를 단번에 물질로 데려가며, 지각은 비인간적이고,[30] 지각은 지각된 객체와 일치한다. 이 선 위에서, 베르그손의 방법 전체는 우선 본성의 차이가 **있을 수 없었던** 항들을 찾는 데 있었다. 즉 뇌의 능력과 골수의 기능 사이에는, 물질의 지각과 물질 자체 사이에는, 본성의 차이가 있을 수 없으며 단지 정도의 차이만 있다.

---

29) MM, 186, 33. "생물들이 우주 속에서 '미규정의 중심들'을 구성한다면, 그리고 이 미규정의 정도가 생물들의 기능의 수와 등급에 따라 측정된다면, 생물들의 현존이란 객체들에서 생물들의 기능과 관련해 흥미롭지 않은 모든 부분을 삭제한 것과 같다고 착상할 수 있다."

30) [옮긴이] 들뢰즈는 impersonnel이라는 단어를 '인물의 모습을 하지 않은'이라는 뜻으로 쓰곤 하는데(이 경우 '비인물적'으로 옮김), 베르그손을 논하는 이 책에서는 더 나아가 '인간의 것이 아닌'이라는 뜻으로 사용한다. 따라서 일관되게 '비인간적인'으로 옮겼다. 혹 '비인칭적'이라고 옮기는 경우도 발견되는데, 들뢰즈에게 '비인칭'은 자신의 철학을 설명하기 위한 용어가 아니므로 주의해야 한다.

이제 우리는 두 번째 선을 추적할 수 있게 되었는데, 그것은 첫 번째 선과 본성에 있어 차이가 난다. 첫 번째 선을 설립하기 위해 우리는 **허구**가 필요했다. 우리는 몸이 공간 속에서는 순수한 수학적 점과 같고, 시간 속에서는 순수한 순간 또는 순간들의 계속_succession_과 같다고 가정했다. 하지만 이 허구는 단순한 가설은 아니었다. 그 허구는 경험 자체에서 채취한 방향을 경험 너머로 밀어붙이는 데서 성립했다. 우리가 경험의 조건들의 전 측면을 추출하는 건 이런 식으로만 가능했다. 이제 우리에게 남은 건, 뇌의 간격을 채우게 되는 것이 무엇이며, 자신을 구현하기_s'incarner_ 위해 그 간격을 이용하는 것이 무엇인지 묻는 일이다. 베르그손의 대답은 삼중으로 되어 있다. 먼저 감수성_affectivité_이 있는데, 감수성은 몸이 수학적 점이 아닌 어떤 것이라고 엄밀히 가정하며, 또 공간 속에서 몸에 부피를 부여한다. 다음으로 기억의 회상들이 있는데, 회상들은 순간들을 서로 연계하고 과거를 현재에 끼워 넣는다. 끝으로 또 다른 형식의 기억이 있는데, 그것은 질을 돌발적으로 생겨나게 하는 물질의 응축이라는 형식의 기억이다. (따라서 몸이 순간적인 것이 아닌 어떤 것이 되게 하며 시간 속에서 몸에 지속을 부여하는 것은 바로 기억이다.) 이제 우리는 새로운 선, 즉 주체성의 선 앞에 있게 되었는데, 거기에는 감수성, 회상-기억, 응축-기억이 늘어서 있다. 이 항들은 앞의 항들(즉 지각-객체-물질)과 본성에 있어 차이 난다고 말할 수 있으리라.[31] 간단히 말해, 표상 일반은 본성에 있어 차이 나는 두 방향으

---

31) 선이 완전히 동종일 필요는 없으며, 끊어진 선일 수도 있다. 이처럼 감수성은 지각과 본성상 구별되지만, 기억과 똑같은 방식으로 그런 건 아니다. 순수 기억은 순수 지각과 대립하지만, 감수성은 오히려 지각을 교란하는 "불순함"과도 같다. MM, 207, 60 참조. 우리는 아주 뒤에서 감수성, 기억 등이 어떻게 주체성의 매우 잡다한 양상을 지시하는지 볼 것이다.

로, 즉 자신은 표상되지 않는 채로 있는 두 개의 순수 현존으로 나뉜다. 하나는 우리를 **단번에** 물질로 보내는 지각의 순수 현존이고, 다른 하나는 우리를 **단번에** 정신으로 보내는 기억의 순수 현존이다. 한 번 더 말하지만, 이 두 선이 서로 만나고 혼합되어 있다는 건 문제가 아니다. 이 혼합은 우리의 경험 자체, 우리의 표상이다. 하지만 우리의 모든 가짜 문제의 원인은 다음과 같다. 즉 우리는 경험을 넘어 경험의 조건들로, 실재의 마디들로 가는 법을 모르고, 우리에게 주어지며 우리가 살아 내는 복합물들 속에서 본성에 있어 차이 나는 것을 발견하는 법을 모른다. "지각과 회상은 항상 상호 침투하며, 내향 삼투 현상에 의해 그들 실체의 일부를 항상 교환한다. 심리학자의 역할은 그것들을 분해하고 각각에 자연적인 순수성을 돌려주는 것이리라. 심리학이 그리고 아마 형이상학도 제기한 상당수의 난점이 이런 식으로 해명되리라. 그러나 실은 전혀 안 그렇다. 사람들은 순수 지각과 순수 회상이 서로 다른 분량으로 합성된 이 복합된 상태들이 단순한 상태이기를 바란다. 이로 인해 순수 지각은 물론 순수 회상 역시도 인식하지 못하고, 그 속에서 두 양상 중 어느 하나가 지배적이냐에 따라 때로는 회상으로 때로는 지각으로 불리는 오직 한 종류의 현상밖에 인식하지 못하며, 그 결과 우리는 지각과 회상 사이에서 본성의 차이가 아니라 정도의 차이밖에 발견하지 못하는 처지에 놓이게 된다."[32]

직관은 경험 상태를 넘어 경험의 조건들로 향하도록 우리를 이끈다. 하지만 이 조건들은 일반적이지도 추상적이지도 않으며, 조건 지어진 것보다 크지 않다. 이 조건들은 진짜 경험의 조건이다. 베르그손

---

32) MM, 214, 69.

은 "경험을 그것의 원천에서, 또는 오히려 경험이 우리의 유용성 때문에 방향이 구부러져 고유하게 **인간적** 경험이 되는 이 결정적 **전환점** 너머에서, 찾으려 한다"[33]라고 말한다. 전환점 너머가 마침내 본성의 차이들을 발견하게 되는 바로 그 지점이다. 하지만 일견 모순되는 직관 행위들을 증가시켜야 한다multiplier는 이 핵심 지점에 이르는 데는 여러 난점이 있다. 이런 식으로 베르그손은 때로는 경험에 정확히 부합하는 운동에 대해, 때로는 확장에 대해, 또 때로는 밀집과 좁히기에 대해 우리에게 말한다. 그래서 먼저 각 "선"의 규정은 일종의 응축을 내포하는데, 거기서는 외견상 잡다한 사실들이 각각의 자연적 친화성에 따라 집단별로 모여 있으며 각각의 마디에 따라 밀집되어 있다. 하지만 다른 한편 우리는 각 선을 전환점 너머로, 우리의 경험을 넘어가는 지점까지 밀고 간다. 이 경이로운 확장은 우리가 물질 전체와 동일한 순수 지각, 과거의 전체성과 동일한 순수 기억을 생각하게끔 강요한다. 베르그손은 바로 이런 의미에서 철학의 방식과 미적분학의 기법을 수차례 되풀이해서 비교한다. 우리에게 마디의 선을 표시해 주는 작은 미광의 경험에서 이익을 얻고 나면, 경험 너머로까지 그것을 연장하는 일이 남는다. 이 모든 것은 수학자들이 실제 곡선에서 자각하는[34] 무한히 작은 요소들을 가지고 "그 요소들 뒤의 어둠obscurité 속에서 펼쳐지는 곡선 그 자체의 형상forme"[35]을 재구성해 내는 것과 비슷하다. 어떤 점에

18

19

---

33) MM, 321, 205.

34) [옮긴이] 라이프니츠에게 지각(perception)은 외부 세계를 비추는 내적 상태고, 자각(自覺, aperception)은 이 내적 상태에 대한 의식적 성찰이다. 이 단어를 번역한 독일어 Apperzeption은 칸트의 용어인데 한국에서는 통각(統覺)으로 옮겨 왔다. 하지만 베르그손은 라이프니츠의 용법을 따르고 있고(들뢰즈도 마찬가지), 따라서 자각으로 옮기는 것이 옳다.

35) MM, 321, 206. 베르그손은 종종 미적분학(analyse infinitésimale)을 비판하는 것 같다. 미적분학

서건 베르그손은 철학에 인간 고유의 지혜와 평정을 부여하는 철학자
는 아니다. 우리의 조건이 우리를 잘못 분석된 복합물 속에서 살게 하
고 우리 자신을 잘못 분석된 복합물이게 하는 한, 우리를 비인간적인
것과 초인간적인 것(우리의 지속보다 열등하거나 우월한 **지속들**…)으로 열
어 주는 것, 인간 조건을 넘어가는 것, 이것이 철학의 의미다.[36)]

하지만 이 확장 혹은 이 넘어감조차도 경험을 넘어 개념들로 가는
데 있지 않다. 개념들은 칸트식으로 모든 가능한 경험 일반의 조건들
만을 정의하기 때문이다. 반대로 여기서 중요한 건, 그것의 모든 특수
성들 속 진짜 경험이다. 그리고 경험을 확장하거나 심지어 넘어가야만
한다면, 그건 단지 이 특수성들이 의존하는 마디들을 찾기 위해서다.
그래서 경험의 조건들은 개념들보다는 순수 지각체들percepts에서 규정
된다.[37)] 그리고 만일 이 지각체들 자신이 하나의 개념으로 재통합된다

은 해당 간격들을 무한히 축소했지만, 여전히 주파된 공간으로 운동을 재구성하는 데 그친다.
가령 DI, 79~80, 89. 하지만 더 깊게는, 베르그손은 형이상학도 그 나름으로 과학에서 미적분
의 혁명과 **유비적인** 혁명을 이루어야 한다고 요구한다. EC, 773~786, 329~344 참조. 또 형이
상학은 "질적인 미분과 적분을 해내기" 위해, "우리 수학의 발생적 관념"에서도 영감을 받아야
만 한다(PM, 1423, 215).

[옮긴이] 이 책에서 들뢰즈는 différenciation을 한편으로는 수학의 '미분'이라는 뜻으로, 다른
한편 생물학의 '분화'라는 뜻으로 혼용해서 사용한다. 얼마 후 출간된 『차이와 반복』(1968)부터
는 들뢰즈가 생물학적인 분화(différenciation)와 수학적인 미분(différentiation)을 엄밀하게 구
별하기 때문에, 이 변화에 유념해야겠다. 들뢰즈가 초기에 별 구별 없이 쓰다가 훗날 개념을 정
교하게 다듬는 일은 자주 목격된다. 베르그손의 개념 해석을 둘러싼 들뢰즈의 용어법의 변화
에 대해서는 이 책 139쪽에 실린 「옮긴이 해제: 들뢰즈의 초기 베르그손주의」를 참조.

36) PM, 1416, 206 참조. 그리고 1425, 218 참조. "철학은 인간 조건을 넘어가기 위한 노력이어야
하리라." (**경험의 전환점**에 대한 앞서 인용된 텍스트는 이 공식formule의 주석이다.)

37) PM, 1370, 148~149.

[옮긴이] percept(지각체)는 perception(지각)과 구별된다. 지각이 주관에 대한 의존성을 떨
쳐 버리기 어려운 반면 지각체는 주관에 독립해 있으며, 세계와 관련되어 있는 순수 감각
(sensation)이다. 훗날 『프랜시스 베이컨: 감각의 논리』에서 이 개념은 예술을 정의하는 데 중
요하게 활용된다. 한편 affect와 affection의 관계도 저 두 개념의 관계와 유사하다고 이해하면

면, 그건 사물 자신 위에서 재단된taillé 개념으로 그 사물에만 알맞으며, 이런 의미에서 개념이 설명해야 하는 것보다 크지 않다. 왜냐하면 우리가 "선들" 각각을 경험의 전환점 너머까지 따라갈 때는, 선들이 교차하고, 방향들이 겹치고, 본성에 있어 차이 나는 경향들이 우리가 인식하는 그런 사물을 낳기 위해 다시 묶이는 지점도 발견해야 하기 때문이다. 이보다 쉬운 일은 없으며 경험 자체는 우리에게 이미 이 지점을 제공했다고 말할 수도 있으리라. 실은 그렇게 단순하지 않다. 갈라진 **선들을 전환점 너머로** 따라간 후에는, 이 선들은 우리가 떠났던 지점이 아니라 오히려 잠재적 지점에서, 출발점의 잠재적 이미지에서 교차해야 하는데, 이 이미지 자신은 경험의 전환점 너머에 자리 잡고 있으며, 마침내는 사물의 충분 근거, 혼합물의 충분 근거, 출발점의 충분 근거를 우리에게 제공한다. 그래서 "결정적인 전환점 너머"라는 표현은 두 가지 의미가 있다. 우선 그것은 경험에 주어진 뒤섞인confus[38] 공통 지점을 떠나 선들이 진짜 본성의 차이에 따라 점차 발산하는 계기를 가리킨다. 다음으로 그것은 이번엔 공통 지점의 잠재적 이미지 혹은 또렷한distinct 근거를 우리에게 제공하기 위해 이 선들이 새롭게 수렴하는

좋다.

38) [옮긴이] 라틴어 개념군 obscura, clara, distincta, confusa를 옮기는 일은 참 어렵다(굳이 이에 대응되는 영어나 프랑스어를 밝히진 않겠다). 사진기의 비유를 통해 이 말을 설명하고 싶다. 우선 obscura는 어둡고 clara는 맑다(밝다). 일단 사진을 찍을 수 있는 대상은 맑은데(clara), 어두우면(obscura) 아예 감지되지 않기 때문이다. 한편 사진을 찍을 때 초점이 맞는 경우 대상의 요소들은 또렷하게(distincta) 알아볼 수 있는 반면, 초점이 맞지 않은 경우는 뒤섞여(confusa) 있다. 하지만 요소들이 뒤섞여 있더라도 나름 감상할 만한 사진이 나올 수 있는데, 이 경우 '완전함'(perfectio)에 이를 정도로 뒤섞여 있다는 말이 가능하다. 이 맥락에서 위 용어들의 번역어로 '어둡다', '맑다', '또렷하다', '뒤섞여 있다'를 사용하겠다. 참고로 이 용어들은 관행적으로는 애매, 명석, 판명, 혼연으로 옮기곤 했다.

또 다른 계기를 가리킨다. 전환과 재전환이다. 따라서 이원론은 하나의 계기일 뿐, 일원론의 재형성으로 귀착해야 한다. 이런 까닭에, 마치 미분 뒤에 적분이 따라오듯 확장 뒤에는 최종 좁히기가 따라온다. "우리는 오래전에 이 사실들의 선들에 대해 말했다. 그때 선들 각각은 충분히 멀리 가지 않았기에 진실의 방향만 제시했다. 그렇지만 선 중 두 개를 그것들이 교차하는 지점까지 연장하면 진실 자체에 도달하게 되리라…. 우리는 이 교차하기recoupement 방법이 형이상학을 결정적으로 진전시킬 수 있는 유일한 방법이라고 평가한다."[39] 따라서 경험의 두 전환점 같은 것이 연이어 있으며, 서로 역방향에 있다. 이 두 전환점은 베르그손이 철학에서의 **엄밀함**이라 부르는 것을 구성한다.

21　　　이로부터 둘째 규칙의 〈보충 규칙〉이 나온다. **실재는, 자연적 마디들 혹은 본성의 차이들에 따라 재단되는se découper 것일 뿐 아니라, 이념적idéal 혹은 잠재적인 같은 지점으로 수렴하는 길을 따라 교차하는se recouper 것이기도 하다.**

이 규칙의 특별한 기능은 문제가 잘 정립되면 어떻게 그 자체로 해결로 향하는지를 보여 준다는 점이다. 예컨대 『물질과 기억』 1장에서도 우리는 기억의 문제를 잘 정립했는데, 왜냐하면 우리는 지각-회상 복합물에서 출발해서 이 복합물을 발산하고 확장된 두 방향으로, 즉 영혼과 몸, 정신과 물질 사이의, 참된 본성의 차이에 상응하는 두 방향으로 나누고 있기 때문이다. 하지만 우리가 문제의 답을 얻는 건 오직 좁히기에 의해서다. 우리는 발산하는 두 방향이 새로 수렴하는 원原 지점, 회상이 지각 속에 자신을 삽입하는 정확한 지점, 출발점의 반영

---

39) MR, 1186, 263.

및 근거와도 같은 잠재적 지점을 포착했으니 말이다. 이렇게 영혼과 몸의 문제, 물질과 정신의 문제는 극단적인 좁히기에 의해서만 해결되며, 거기서 베르그손은 객체성의 선과 주체성의 선이, 외적 관찰의 선과 내적 경험의 선이 어떻게 그것들의 서로 다른 과정의 결말로, 심지어 실어증의 증례로 수렴해야 하는지를 보여 준다.[40]

베르그손은 영혼 불멸의 문제는 서로 아주 다른 두 선, 정확히 말해 기억의 경험이라는 선과 이와는 완전히 다른 신비한 경험이라는 선의 수렴에 의해 해결로 향한다는 점을 같은 식으로 보여 준다.[41] 훨씬 더 복잡한 건, 사실들의 **세** 선의 수렴 지점에서 풀리는 문제들이다. 이것이 『정신적 에너지』 1장에서의 의식의 본성이다. 이러한 교차의 방법은 진정한 개연론蓋然論, probabilisme [42]을 형성한다는 점을 알아차릴 수 있으리라. 즉 각각의 선은 개연성을 정의한다.[43] 하지만 사실의 선들은 질적으로 또렷이 구별되니만큼 질적 개연론이 관건이다. 선들의 갈라짐 속에서, 선들이 본성의 차이들에 따라 시술한 실재의 마디 해체 désarticulation 속에서, 이미 선들은 우월한 경험론을 구성했는데, 왜냐하면 이 경험론은 문제들을 정립하고 경험을 넘어 경험의 구체적 조건들로 갈 소질을 갖추었기 때문이다. 선들의 수렴 속에서, 선들이 착수한 실재의 교차 속에서, 이제 선들은 우월한 개연론을 정의하는데, 왜냐

---

40) PM, 1315, 80.

41) MR, 1199~1200, 280~281.

42) [옮긴이] 절대적 진실에 도달할 수는 없을지라도, 최대한의 개연성(probabilité), 즉 있을 법함에 도달할 수 있다는 이론. 이 문단에서는 '우월한 경험론'과 맞물려 '우월한 개연론'이 주장되고 있는데, 이 점에서 개연론은 곧 경험론을 가리킨다. 이 개념들은 『차이와 반복』에서 '초월론적 경험론'과 같은 의미로 이해된다.

43) ES, 817~818, 4; 835, 27.

하면 이 개연론은 문제를 해결하고 조건을 조건 지어진 것과 관련지어 조금의 거리도 남겨 놓지 않을 소질을 갖추었기 때문이다.

*　　*　　*

셋째 규칙: 공간보다는 시간과 관련하여서 문제를 정립하고 또 해결하라.[44]

이 규칙은 직관의 "근본적 의미"를 제공한다. 직관은 지속을 상정하며, 지속의 견지에서 생각하는 데서 성립한다.[45] 우리는 본성의 차이들을 규정하는 나눔의 운동으로 돌아감으로써만 직관을 이해할 수 있다. 처음 보기엔 본성의 차이는 두 사물 사이에, 혹은 오히려 두 경향성 사이에 설립되는 것처럼 보이리라. 이는 참이지만, 단지 피상적으로만 참이다. 베르그손의 주요 나눔인 지속과 공간을 고려해 보자. 다른 모든 나눔, 다른 모든 이분법은 지속과 공간의 나눔을 내포하거나, 거기에서 파생되거나, 거기로 귀결한다. 이제 지속과 공간 사이의 본성의 차이를 단순히 긍정하는 데 그칠 수 없다. 그 나눔은, 자기 측에서 보면 모든 본성의 차이들을 떠맡거나 감당하는 "경향이 있는" 지속(그것은 자신과 질적으로 달라지는 능력을 부여받았으니까)과 단지 정도의 차이들만을 제시하는 공간(그것은 양적 동종성이니까) 사이에서 이루어진다. 따라서 나눔의 두 반쪽 사이에는 본성의 차이가 없다. 본성의 차이

---

44) MM, 218, 74 참조. "주체와 객체에 관련된 물음들, 그 둘의 구별과 결합에 관련된 물음들은, 공간보다는 시간과 관련해서 정립되어야 한다."

45) PM, 1275, 30.

는 전적으로 한쪽에 있다. 우리가 어떤 것을 자연적 마디들에 따라 나눌 때, 우리는 경우마다 매우 다양한 비율과 모습으로 한편으로 공간의 측면을 다른 한편 지속의 측면을 갖는다. 공간의 측면에 의해서 사물은 다른 사물들과 **그리고 자신**과 정도에 있어서만 차이가 날 수 있고 (증대, 감소), 지속의 측면에 의해서 사물은 다른 모든 사물들과 **그리고 자신**과 본성에 있어서 차이 난다(변질altération).

설탕 한 덩이가 있다고 치자. 그것은 공간적 형태를 갖고 있다. 하지만 공간적인 면에서 우리는 이 설탕과 다른 모든 사물 사이에 정도의 차이들만 파악할 것이다. 하지만 그것은 지속, 지속의 리듬, 시간에서의 존재 방식도 있다. 이는 최소한 부분적으로는 용해 과정에서 드러나며, 어떻게 이 설탕이 본성에 있어 단순히 다른 사물들과 차이 날 뿐 아니라 우선 그리고 무엇보다 자신과 차이 나는지를 보여 준다. 한 사물의 본질 혹은 실체와 하나일 따름인 이 변질이, 바로 우리가 그것을 '지속'의 견지에서 생각할 때 파악하는 그것이다. 이 점에 관한 베르그손의 유명한 공식인 "나는 설탕이 녹는 걸 기다려야만 한다"는 원래 문맥에서 부여된 것보다 훨씬 넓은 의미가 있다.[46] 그것은, 가령 내가 기다리는 것을 참지 못하는 가운데 살아 내는 나의 고유한 지속이, 다른 리듬들과 부딪히며 나의 지속과 본성에 있어 차이 나는 다른 지속들을 드러내는 데 요긴하다는 의미다. 언제건 지속은 본성의 차이들의 장소요 환경이다. 그것은 본성의 차이들의 집합이자 다양체기도 하다. 본성의 차이들은 지속 안에만 존재한다. 반면 공간은 단지 정도의 차

24

---

46) EC, 502, 10 참조. 원래 문맥에서 베르그손은 설탕이 우주의 집합에 참여하는 한에서만 설탕에 지속을 부여한다. 우리는 더 뒤에서 이 제한의 의미를 보게 될 것이다. 이 책 4장 참조.

이들의 장소, 환경, 집합이다.

　아마 우리는 가장 일반적인 방법론적 물음을 해결할 수단을 가진 셈이다. 플라톤이 자신의 나눔의 방법을 정교하게 다듬을 때, 그 역시 하나의 복합물을 두 개의 절반으로, 혹은 몇 개의 선들에 따라, 나눌 작정이었으리라. 하지만 문제는 전적으로 어떻게 좋은 절반을 선택할지 아는 일이었으리라. 우리가 찾던 건 왜 다른 쪽보다 이쪽에 있을까? 따라서 나눔은 "매개념"moyen terme [47]을 결여하고 있고 여전히 영감에 의존하고 있다는 이유로 진정한 방법이 아니라고 비난받을 수 있었으리라. 베르그손주의에 있어서 그 난점은 사라진 것 같다. 왜냐하면 베르그손은 하나의 복합물을 두 개의 경향성에 따라 나누는데, 그중 한 경향성만이 한 사물이 시간 속에서 질적으로 변하는 방식을 제시하고 있기에, 각각의 경우에 "좋은 쪽", 즉 본질의 쪽을 골라내는 수단이 효과적으로 마련되었기 때문이다. 요컨대, 직관은 방법이 되었다. 아니 차라리, 방법은 직접적인 것과 화해했다. 직관은 지속 자신은 아니다. 오히려 직관은, 우리가 우리 고유의 지속에서 빠져나오게 해주고, 우리 위나 아래에 있는 다른 지속들의 실존을 즉각 긍정하고 인정하기 위해 우리의 지속을 이용하도록 해주는 운동이다. "우리가 말하고 있는

47) [옮긴이] 오늘날과 달리 아리스토텔레스한테서 삼단논법 추론이 진행된 방식은 소전제, 대전제, 결론 순이었다. 예를 통해 살펴보자. 소전제는 '소크라테스는 인간이다'. 만일 누군가가 소크라테스라면 그 존재는 인간이라는 말이다. 대전제는 '모든 인간은 죽는다'. 그럼 추론은 어떻게 되느냐? 이 두 문장에 항(영어로 term)이 세 개 나온다. '소크라테스'라는 항, '인간'이라는 항, '죽는다'라는 항. 그래서 소크라테스는 인간인데, 모든 인간은 죽으니까, 소크라테스는 죽는다는 결론이 도출된다. 가운데 항인 '인간'을 지워 버리는 것이다. 가운데 오는 항을 중간항(middle term)이라고 한다. 이걸 매개하는 항이라고 해서 '매개념'으로, 중간에 있다고 해서 '중개념'으로 번역하기도 했다. 가운데 항을 지우고 첫째 항과 마지막 항만 남기는 게 당시 추론 방식이었다.

방법만이 실재론뿐 아니라 관념론도 넘어갈 수 있게 해주며, 우리보다 열등하고 우월한 객체들, 그렇긴 해도 어떤 의미에서는 우리 내부에 있는 객체들의 실존을 긍정할 수 있게 해준다… 온통 서로 다른, 바라는 만큼 많은 지속을 지각하리라."(실제로 **열등한**과 **우월한**이라는 말들을 착각하면 안 된다. 그것들은 본성의 차이들을 가리킨다.)[48] 방법으로서의 직관이 없었다면, 지속은 단순한 심리적 경험으로 남았으리라. 역으로, 만약 직관이 지속과 부합하지 않았다면, 직관은 앞의 두 규칙에 대응하는 진짜 문제들 혹은 진정한 본성의 차이들을 규정한다는 프로그램을 실현할 수 없었으리라.

그러니 가짜 문제들의 가상으로 돌아가자. 그것은 어디에서 오며, 어떤 의미에서 불가피할까? 베르그손이 원인으로 꼽는 건 다음과 같은 것들이다. 우리가 사물 속에서 우리의 흥미를 끄는 것만 보유하려는 마음이 생기게 하는 필요들, 행동 및 사회의 질서, 공간과 자연적 친화성을 지니고 있는 지능의 질서, 본성의 차이들을 덮어 버리는 일반 관념들의 질서. 아니 오히려, 본성에 있어 그 자체로 차이 나는 매우 잡다한 일반 관념들이 있는데, 어떤 것들은 살아 있는 몸 안의 객체적 유사성과 관련되고, 어떤 것들은 생명 없는 물체 안의 객체적 동일성과 관련되며, 또 어떤 것들은 제작된 객체들 안의 주체적 요구들과 관련된다. 하지만 우리는 즉각 모든 일반 관념들로부터 하나의 일반 관념을 형성하여, 이 일반성이라는 요소 안에서 본성의 차이들을 녹여 버린다.[49] "질적 차이들의 기반이 되는 공간의 동종성 안에서 우리는 그

---

48) PM, 1416~1417, 206~208.
49) PM, 1298~1303, 58~64.

질적 차이들을 녹여 버린다."[50] 진실로 이 근거들의 집합은 여전히 심리적이며, 우리의 조건과 분리할 수 없다. 우리는 더 깊은 근거들을 고려해야만 한다. 왜냐하면 동종적 공간이라는 관념이 우리를 현실에서 분리하는 일종의 책략 혹은 상징[51]을 내포하긴 하지만, 그래도 물질과 연장이 현실이며 그 자체로 공간의 질서를 예고한다는 점은 남기 때문이다. 비록 가상이긴 해도 공간은 우리 본성에 기초할 뿐 아니라 사물들의 본성에도 기초한다. 물질이란 실은 사물들이 서로 간에, 그리고 우리에게, 정도의 차이들만을 제시하는 경향을 보이는 "측면"이다. 경험은 우리에게 복합물들을 제공한다. 이제 복합물의 상태는 본성에 있어 차이 나는 요소들을 재통합한다는 데 있을 뿐 아니라, 복합물을 구성하는 본성의 차이들을 파악할 **수 없게** 하는 조건들 속에 그 요소들을 재통합한다는 데도 있다. 요컨대 본성의 차이들이 더는 나타날 수 없게 하는 관점, 아니 차라리 사물들의 상태가 있다. 참의 **퇴행 운동**은 참에 **대한** 가상일 뿐 아니라 참 자체**에** 속한다. "종교"라는 복합물을 정적 종교와 동적 종교 두 방향으로 나누면서, 베르그손은 이렇게 덧붙인다. 특정한 관점에 자리하면서, "사람들은 일련의 추이transitions, 즉 정도의 차이들을 자각할 테지만, 정말로 거기엔 급진적인 본성의 차이

---

50) EC, 679, 217.
51) [옮긴이] '상징'으로 번역되는 프랑스어 symbole(영어 symbol)은 한국어에서 통용되는 것과는 조금 다르게 '일대일 대응'하는 의미 체계다. 비둘기는 다른 어떤 것도 아닌 평화의 상징인 것처럼. 또, 우리가 '기호논리학'이라고 부르는 형식논리학에서 '기호'는 실제로는 symbole의 번역어다. 의미를 담고 있는 언어 대신 인위적으로 약속한 부호(x, y, ∀, ∃, ∧, ∨, → 등)만 사용해서 추론을 진행한다. 수학에 사용되는 여러 부호 역시 symbole이다. 한편 '기호'(signe, sign, Zeichen)도 한국어의 통상적 용법과 달리 사용된다. 특히 니체, 프루스트, 들뢰즈한테 기호란 징조, 징후, 증상 등과 같은 뜻으로 쓰이며, '그 자신이 아닌 다른 무언가를 나타내는 것'을 총칭한다. 연기는 불의 기호고, 반점은 피부병의 기호고, 가슴 떨림은 애정의 기호다.

가 있다".[52]

　따라서 가상은 우리 본성에 기인할 뿐 아니라, 우리가 거주하는 27
세계에도, 무엇보다도 우리에게 나타나는 존재의 측면에도 기인한다.
베르그손은 첫 작품에서 마지막 작품까지 특정한 방식으로 진화했다.
그의 진화의 두 주요 지점은 다음과 같다. 그에게 지속은 심리적 경험
으로 점점 더 환원될 수 없는 것처럼 보였으며, 이로써 지속은 사물들
의 변화하는 본질이 되어 복합존재론ontologie complexe이라는 주제를 제
공할 수 있게 되었다. 하지만 이와 동시에 그에게 공간은 우리를 이 심
리적 현실과 분리하는 허구로 점점 더 환원될 수 없는 것처럼 보였으
며, 이로써 공간 자체도 존재에 기초할 수 있고 존재의 두 비탈 중 하
나를, 두 방향 중 하나를 표현할 수 있게 되었다. 절대는 두 **측면**이 있
으며, 형이상학이 간파한pénétré 정신이 그 하나고 과학이 인식한connue
물질이 다른 하나라고 베르그손은 말하리라.[53] 하지만 정확히 말하면
과학은 상대적 인식, 즉 성공이나 효력에 의해서만 진가를 보이는 상
징적 분과가 아니다. 과학은 존재론에 해당하며, 존재론의 두 절반 중
의 하나다. 절대는 차이지만, 차이는 두 표정을, 정도의 차이들과 본성
의 차이들을 갖는다. 따라서 우리가 사물들 사이에서 단순한 정도의
차이들을 파악할 때도, 과학 자체가 이런 식으로 세계를 보라고 우리
를 초대할 때도, 우리는 여전히 절대 안에 있다고 볼 수 있다("현대 물리
학은 우리의 질적 구별들 뒤에 있는 수적 차이들을 우리에게 점점 더 드러낸

---

52) MR, 1156, 225.
53) PM, 1278, 34 이하 참조. 그리고 1335, 104 참조. "지능은 '절대의 한 측면에 닿는다, 마치 우리
　　의식이 절대의 다른 측면에 닿듯이…'."

다…").[54] 그렇지만 그것은 가상이다. 하지만 우리가 첫 번째 비탈의 진짜 풍경을 다른 비탈 위에 투사하는 한에서만, 그것은 가상이다. 만약 가상이 억압될 수 있다면, 그것은 이 다른 비탈, 즉 지속이라는 비탈과 관련해서다. 지속은 우리에게 본성의 차이들을 제공하며, 본성의 차이들은 **최종 심급에서는** 공간에서 그리고 이미 물질과 연장에서 나타나는 그러한 비율의 차이들에 **대응한다**.

*   *   *

따라서 직관은 이 세 (또는 다섯) 가지 규칙들을 가진 하나의 방법을 잘 형성한다. 그것은 본질적으로 **문제화**하고(가짜 문제의 비판과 진짜 문제의 발명), **미분**하고(재단과 교차), **시간화**하는(지속의 견지에서 생각하기) 방법이다. 하지만 직관이 어떻게 지속을 전제하는지, 반면 직관이 어떻게 존재와 인식의 관점에서 지속을 새롭게 확장하는지, 이것은 규정해야 할 것으로 남아 있다.

---

54) PM, 1300, 61.

2장 직접 주어진 것으로서의 지속

: 다양체의 이론

『시론』과 『창조적 진화』 초반에서 볼 수 있듯이, 지속이 심리적 경험 29
이라고 기술되었다는 점은 잘 알려져 있는 것 같다. 중요한 건 "이행",
"변화", **생성**이지만, 그것은 지속하는 생성, 실체 자체인 변화다. 베르
그손이 지속의 두 가지 근본 성격인 연속성과 이종성을 양립시킬 때
전혀 어려움이 없다는 데 주목해야 하리라.[1] 하지만 이렇게 정의되더
라도, 지속은 살아 낸 경험일 뿐 아니라, 또한 확장된 경험, 심지어 넘어
선 경험이며, 이미 경험의 조건이다. 왜냐하면 경험이 제공하는 것은
언제나 공간과 지속의 복합물이기 때문이다. 순수 지속은 우리에게 외
부성 없는 순수하게 내적인 계속을 제시하며, 공간은 계속 없는 외부
성을 제시한다(실로 과거의 기억, 공간에서 일어났던 일의 회상은 이미 지속
하는 정신을 내포하리라). 그 둘 사이에서 혼합물이 생산된다. 거기서 공 30
간은 혼합물의 동종적**이고** 불연속적인 외래적 구별들 혹은 "절단들"

---

1) 이 점에 대해서는 앙드레 로비네(André Robinet)의 탁월한 분석을 참조. 『베르그손과 지속의
변신들』(*Bergson et les métamorphoses de la durée*), Paris: Seghers, 1965, p. 28 이하.

의 형식을 도입하는 반면, 지속은 혼합물의 이종적**이고** 연속적인 내적 계속을 가져온다. 그래서 우리는 공간의 순간적 상태들을 "보존할" 수 있으며, 일종의 "보조 공간"에 그것들을 병치할 수 있다. 하지만 우리는 또한 우리의 지속에 외래적 구별들을 도입하고, 우리의 지속을 외부 부분들로 분해해서 일종의 동종적 시간에 정렬한다. 이런 복합물(동종적 시간은 보조 공간과 뒤섞인다)은 나뉘어야만 한다. 방법으로서의 직관을 의식하기 전에도, 베르그손은 복합물의 나눔이라는 임무 앞에 있었다. 복합물을 두 개의 순수한 방향에 따라 나누는 것이 벌써 관건이라고? 베르그손이 공간의 존재론적 기원이란 문제를 명시적으로 정립하지 않는 한, 오히려 관건은 복합물을 다음의 두 방향으로 나누는 것이다. 그중 하나만이 순수하며(지속), 다른 하나는 지속을 왜곡하는 불순함을 표상한다(공간).[2] 지속은 복합물의 옳은 쪽, 좋은 쪽과 뒤섞여 있다는 바로 그 이유로 "직접 주어진 것"으로 달성되리라.

중요한 건, 복합물의 분해가 우리에게 두 유형의 "다양체"를 드러낸다는 점이다. 하나는 공간(아니 차라리, 모든 뉘앙스를 고려하면, 동종적 시간의 불순한 혼합물)에 의해 표상된다. 그것은 외부성, 동시성, 병치, 질서, 양적 분화, **정도의 차이** 등의 다양체요, **불연속적이고 현행적인** 수적 다양체다. 다른 하나는 순수 지속에서 제시된다. 그것은 내적인, 연속, 융합, 조직, 이종성, 질적 분별 혹은 **본성의 차이** 등의 다양체요, 수

31

---

2) 실로 『시론』에서부터 베르그손은 연장된 것의 지각에서 출발해서 **공간** 개념의 발생 문제를 보여 준다. 64~65, 71~72 참조.

로 환원될 수 없는 **잠재적이고 연속적인** 다양체다.[3][4]

*　　*　　*

우리가 보기에 이 "다양체"라는 말의 사용에 중요성이 충분히 부여된 것 같지 않다. 그것은 결코 전통적인 어휘, 특히 **연속체**continuum를 가리키기 위한 어휘의 일부가 아니다. 다양체는 방법의 정교화라는 관점에서 본질적일 뿐 아니라 『시론』에서 나타났고 훨씬 나중에 발전될 문제를 벌써 문의하고 있다는 점을 우리는 보게 될 것이다. "다양체"라는 단어는 '여럿'多 일반이라는 잘 알려진 철학적 관념에 대응하는 모호한 실사實辭로 등장하지 않았다. 실제로 **베르그손에게 관건은 '여럿'을 '하나'一에 대립시키는 것이 아니라, 반대로 두 유형의 다양체를 구별하는 것이다.** 그런데 이 문제는 물리학자이며 수학자인 천재 학자 리만에게 거슬러 올라간다. 리만은 차원들 혹은 독립 변수들과 관련해서 규정할 수 있는 사물을 "다양체"라고 정의했다. 그는 **이산적 다양체**와 **연속적 다양체**를 구별했다. 전자는 측정법의 원리를 품고 있다(그것의 부분 중 하나에 대한 측정은 부분들이 포함하는 요소들의 수에 의해 주어짐). 후자는, 그 안에서 펼쳐지는 현상들 혹은 그 안에서 작용하는 힘들 같은, 다른 어떤 것에서 측정법의 원리를 찾았다.[5] 철학자로서 베르그

32

---

3) DI, ch. 2; ch. 3, 107, 122. 잘못 분석된 복합물 혹은 두 다양체의 혼동이 강도에 대한 가짜 관념을 정확히 정의한다.

4) [옮긴이] 베르그손에게 매우 중요한 핵심 개념인 '잠재'와 '현행' 등에 대해서는 「옮긴이 해제」참조.

5) 다양체에 관한 리만의 이론에 대해서는 Bernhard Riemann, 「기하학에 기초가 되는 가설들에 대해」(Sur les hypothèses qui servent de fondement à la géométrie), 『수학 저작집』

손이 리만의 일반적인 문제들을 잘 따라잡고 있었다는 점은 분명하다. 수학에 대한 그의 관심은 우리에게 이 점을 설득시키기에 충분하다. 그뿐만 아니라 더 구체적으로 보면, 『지속과 동시성』은 리만에게 긴밀하게 의존하고 있는 상대성이론에 베르그손이 자신의 학설을 대립시킨 책이다. 우리의 가설이 옳다면, 그 책 자체는 이중으로 엉뚱한 특성을 잃는다. 왜냐하면 그것은 불쑥 근거 없이 튀어나온 것이 아니라, 연속적 다양체에 대한 리만의 해석과 베르그손의 해석 사이에 그때까지는 암묵적으로 남아 있던 대결을 백주에 드러내 놓기 때문이다. 다른 한편 베르그손이 이 책을 단념하고 고발했다면, 아마 그건 다양체의 이론을 수학적 함축 속으로까지 추적할 수는 없다고 평가했기 때문이다. 실제 그는 리만적 구별의 방향을 심하게 바꾸었다. 그에게 연속적 다양체는 본질적으로 지속의 영역에 속하는 것으로 보였으리라. 이로써 베르그손에게 지속은 단지 나눌 수 없는 것 혹은 측정할 수 없는 것이 아니라 오히려 본성을 바꾸어야만 자신을 나누는 것, 나눔의 각 단계에서 측정의 원리를 변화시켜야만 자신을 측정토록 하는 것이었다.

33 베르그손은 지속에 대한 철학적 비전과 공간에 대한 과학적 착상을 대립시키는 데 그친 것이 아니라 두 종류의 다양체라는 영역으로 문제를 가져갔으며, 지속에 고유한 다양체는 나름으로 과학의 엄밀함만큼이나 커다란 "엄밀함"을 갖고 있다고 생각했다. 더욱이 베르그손은 그 엄밀함은 과학에 다시 작용해서 리만과 아인슈타인의 길과 꼭 뒤섞이는

(*Œuvres mathematiques*), trans. and ed. Gauthier-Villars 참조. 그리고 Hermann Weyl, 『공간, 시간, 물질: 일반 상대성이론 강의』(*Raum, Zeit, Materie: Vorlesungen über allgemeine Relativitätstheorie*) 참조. 베르그손과는 아주 다른 의미에서지만, 후설도 리만의 다양체이론에서 영감을 받았다.

건 아닌 하나의 길을 과학에 열어 주어야만 한다고 생각했다. 바로 이런 이유로 우리는 베르그손이 다양체 개념을 빌려 와 효력 범위와 분포를 갱신하는 방식을 대단히 중요하게 여긴다.

지속의 질적이고 연속적인 다양체는 양적 혹은 수적인 다양체와 대립해서 어떻게 정의될까? 이 점과 관련해,『시론』의 한 모호한 텍스트는『물질과 기억』에서의 발전을 예고하느니만큼 더더욱 중요하다. 그는 주체적인 것과 객체적인 것을 구별한다. "우리는 완전하고 적합하게 인식된 것처럼 보이는 것을 주체적이라 부르며, 항상 증가하는 많은 새로운 인상들이 우리가 현행적으로 갖고 있는 관념을 대체할 수 있을 방식으로 인식되는 것을 객체적이라 부른다."[6] 만일 이 공식들에 만족한다면, 다행히도 그 문맥이 폐기하고 있는 오해에 빠질 위험이 있다. 실제로 베르그손은 **객체**는 무한한 방식으로 나뉠 수 있다고 정확을 기한다. 이제 이 나눔들이 실행되기 전에도, 객체의 전체적인 양상은 전혀 바뀌지 않으면서도 생각에 의해 나눔이 가능하다고 파악된다. 따라서 나눔은 객체의 이미지 속에서 벌써 보일 수 있다. (단순히 가능하기만 하고) 실현되지 않았더라도, 나눔은 현행적으로 지각되며 최소한 권리상 지각될 수 있다. "나뉘지 않은 것 속에서의 세분에 대한, 그저 잠재적인 게 아니라 현행적인 이 자각이 바로 우리가 객체성이라 부르는 그것이다." 베르그손은 다음과 같이 말하려 한다. 객체적인 것은 **잠재성이 아닌 것**이며, 실현되었건 아니건, 가능하건 실재적이건, 객체적인 것 안에서 모든 것은 현행적이다.『물질과 기억』1장은 이 주제를 더 맑게 발전시키리라. 물질은 잠재성도 숨은 가능태puissance도 없는

6) DI, 57, 62.

데, 이는 우리가 물질을 "이미지"와 동일시할 수 있기 때문이다. 분명 물질에는 그것에서 우리가 얻는 이미지보다 **더 많은** 것이 있을 수는 있지만, 다른 사물이, 다른 본성을 가진 사물이 있을 수는 없다.[7] 그리고 다른 텍스트에서, 물질은 "그 어떤 내면도 이면도 없고… 그 무엇도 숨기고 유폐하지 않으며… 그 어떤 종류의 가능태도 잠재성도 갖고 있지 않으며… 표면으로만 펼쳐져 있고, 물질이 제공하는 것 안에 모든 것을 매 순간 담고 있다"[8]라는 이유로, 베르그손은 버클리가 물체와 관념을 동일시한 데 대해 칭찬한다.

요컨대 단지 나뉘는 것만이 아니라 나뉘면서 본성을 바꾸지 않는 것을 객체 혹은 객체적인 것이라 부를 수 있다. 따라서 그것은 정도의 차이들에 의해 나뉘는 것이다.[9] 객체를 성격 짓는 것은 나뉜 것과 나눔들의, 수와 단위의 상호 일치adéquation réciproque다. 이런 의미에서 객체는 "수적 다양체"라 얘기되리라. 왜냐하면 수는, 또한 무엇보다 산술의 단위 자체는, 본성이 바뀌지 않고도 나뉘는 것의 모델이기 때문이다. 수는 정도의 차이들만 있다고 말하는 것과 수의 차이는 실현되었건 **아니건** 그 자체로 항상 현행적이라고 말하는 것은 같은 말이다. "산술에서 수를 형성하는 단위들은 잠정적인 단위들이고, 무한정 쪼갤 수 있으며, 그 각각이 상상하고 싶은 만큼 작아질 수도 많아질 수도 있는 분수 양들의 합을 구성한다…. 모든 다양체가 어떤 수이건 그 수를 자신에게 첨가될 잠정적 단위로 취급할 가능성을 내포하고 있다면, 반대로 단위

35

---

7) MM, 218~219, 75~76.

8) PM, 1353, 127.

9) MM, 341, 231 참조. "공간에 관한 한, 나눔은 원하는 만큼 멀리 밀고 갈 수 있다. 그렇게 해도 나뉘는 것의 본성은 하나도 바뀌지 않는다."

들은 이번엔 원하는 만큼 커질 수 있는 진정한 수이지만, 수를 서로 합하기 위해 단위들은 잠정적으로 분해할 수 없는 것으로 여겨질 것이다. 그런데 단위를 원하는 만큼의 부분들로 나눌 가능성을 인정한다는 점 자체만으로도, 사람들은 단위를 연장된 것으로 생각한다."[10]

반대로 질적 다양체란 무엇일까? 주체 혹은 주체적인 것이란 무엇일까? 베르그손은 다음 예를 제시한다. "복합 감정은 상당히 큰 수의 더 단순한 요소들을 포함하리라. 하지만 그 요소들이 완전한 명료함을 가지고 드러나지 않는 한, 그것들이 완전히 실현되었다고 말할 수는 없으며, 또 의식이 그 요소들에 대한 또렷한 지각을 갖자마자, 그것들의 종합에서 결과되는 심적 상태는 그렇다는 이유만으로도 바뀌리라."[11] (가령 사랑과 증오의 복합 감정은 의식 속에서 현행화되지만, 증오와 사랑이 의식적이게 되는 건 서로 본성에 있어 차이 나고 무의식적 복합 감정과 본성에 있어 차이 난다는 조건에서다.) 따라서 베르그손이 종종 편의상 그렇게 표현하긴 했어도, 지속이 나뉠 수 없는 것이라고 단순하게 믿는 건 큰 오류이리라. 진실로 지속은 나뉘며, 끊임없이 나뉜다. 지속은 **다양체**기 때문이다. 하지만 지속은 본성이 바뀌지 않은 채 나뉘지는 않으며, 나뉘면서 본성이 바뀐다. 지속은 수적이지 않은 다양체이기 때문이다. 여기서는 나눔의 단계마다 "나뉠 수 없는 것"에 대해 말할 수 있다. **여럿**이 없더라도 **다름**이 있다. 수는 잠재태로만 있다.[12] 다른 용어로 하면, 주체적인 것 혹은 지속은 **잠재적**이다. 더 정확히 하자면, 그것

36

---

10) DI, 55~56, 60~61.

11) DI, 57, 62.

12) DI, 81, 90.

은 자신을 현행화하는 한에서 잠재이며, 자신을 현행화하는 중에 현행화의 운동과 분리될 수 없다. 왜냐하면 현행화는 분화를 통해, 발산하는 선들을 통해 행해지기 때문이며, 자신의 고유한 운동을 통해 여러 본성의 차이들을 창조하기 때문이다. 수적 다양체 안에서 모든 것은 현행적이다. 거기서 모든 것이 "실현"되는 건 아니지만, 모든 것은 거기서 현행적이며, 거기엔 현행적인 것들 간의 관계들만, 정도의 차이들만 있다. 반대로 수적이지 않은 다양체에 의해 지속 혹은 주체성이 정의되는데, 이 다양체는 순수하게 시간적이며 더는 공간적이지 않은 다른 차원에 잠겨 있다. 그 다양체는 잠재에서 현행화로 가며, 본성의 차이들에 대응하는 분화의 선들을 창조하면서 자신을 현행화한다. 그런 다양체는 본질적으로 연속성, 이종성, 단순성 등 세 가지 속성을 향유한다. 여기서 베르그손이 이종성과 연속성을 화해시키는 데 진실로 그 어떤 어려움도 없다.

베르그손이 주체적인 것과 객체적인 것을 구별하는 『시론』의 저 텍스트는, 그것이 베르그손 철학에서 점점 더 중요하게 될 잠재라는 관념을 간접적으로 도입하는 최초의 텍스트인 만큼 우리에게 더 중요하게 보인다.[13] 왜냐하면, 앞으로 보겠지만, 물질 및 "닫힌 시스템"과

---

13) 객체적인 것은 실은 잠재적이 아니라 현행적으로 지각된 부분들에 의해 정의된다(DI, 57, 63). 이는, 주체적인 것은 역으로 부분들의 잠재성에 의해 정의된다는 걸 내포한다. 그러면 텍스트로 돌아가자. "우리는 완전하고 적합하게 인식된 것처럼 보이는 것을 주체적이라 부르며, 항상 증가하는 많은 새로운 인상들이 우리가 현행적으로 갖고 있는 관념을 대체할 수 있을 방식으로 인식되는 것을 객체적이라 부른다." 말 그대로 보면, 이 정의들은 이상하다. 문맥에 의지해서, 정의들을 뒤집어 놓고 싶을 정도다. 왜냐하면, 잠재성이 없기에 자신의 "외양"과 닮은 존재를 갖고 따라서 적합하게 인식되게 되는 것이 객체적인 것(물질) 아니겠는가? 그리고 잠재적으로만 포함하고 있어서 다른 본성을 가진 부분들로 언제나 나눌 수 있는 것이 주체적인 것 아니겠는가? 거의 인쇄 오류라고 믿고 싶을 정도다. 하지만 베르그손이 채용한 용어들은 다른 관점

관련된 용법만 간직하고 있으며 항상 모든 종류의 가짜 문제의 원천이라고 여겨지는 **가능성**이라는 개념을 거부하는 동일 저자가 **잠재**라는 관념을 가장 높은 지점까지 가져가며 그 위에 기억과 생에 대한 철학 전체를 정초하는 저자이니 말이다.

다양체라는 관념에서 정말 중요한 건, 그것이 '일'하나과 '다'여럿의 이론과 구별되는 방식이다. 다양체라는 관념은 우리가 "일과 다"의 견지에서 생각하지 않게 해준다. 우리는 철학에서 일과 다를 조합하는 많은 이론을 알고 있다. 그 이론들은 실재를 일반 관념들로 재구성하려 한다는 공통점이 있다. 우리는 이런 말을 듣는다. '자아'는 하나다(정립), 그리고 그것은 다수다(반정립), 그렇다면 그것은 다양의 통일이다(종합). 또는 이런 말을 듣는다. 일은 이미 다요, 존재는 비존재로 이행하고 생성을 생산한다. 베르그손이 추상적 사고의 이런 운동을 고발하는 페이지들은 그의 작품에서 가장 아름다운 부분을 이룬다. 베르그손의 인상에 따르면, 그런 **변증법적** 방법은 헐렁한 옷 같은 너무나도 큰 개념들에서 출발한다.[14] 일 일반, 다 일반, 존재 일반, 비존재 일반…. 이처럼 실재는 추상들로 재구성되고 있다. 하지만 너무 크거나

38

에서 정당화된다. 주체적 지속의 경우에, 나눔은 실행될 때만, 다시 말해 현행화될 때만 타당하다. "우리 지속의 부분들은 그것을 나누는 행위의 계속되는 계기들과 일치한다…. 그리고 만일 우리 의식이 어떤 간격 안에서 일정한 수의 기본적 행위들만 분간해 낼 수 있다면, 만일 의식이 어디선가 나눔을 멈춘다면, 거기서 가분성도 멈춘다"(MM, 341, 232). 따라서 나눔의 층위마다 나눔은 사물의 불가분한 본성을 우리에게 적합하게 제공한다고 말할 수 있다. 반면 객체적 물질의 경우에 나눔은 실행될 필요조차 없다. 우리는 사물의 본성 속에서 아무것도 바뀌지 않아도 나눔이 가능하다는 것을 사전에 알고 있다. 이런 의미에서, 비록 객체가 우리가 인식하는 것 말고 **다른** 뭔가를 전혀 포함하고 있지 않다는 것이 참이라 해도, 객체는 언제나 **더 많은 것**을 포함하고 있다(MM, 289, 164). 따라서 객체는 적합하게 인식되지 않는다.

14) PM, 1408, 196~197.

너무 일반적인 개념의 불충분함을 상쇄하려고 그에 못지않게 크고 일반적인 반대 개념에 호소함으로써 실재와 합류한다고 믿는 변증법이 무슨 소용 있으랴? 한 개념의 불충분함과 반대 개념의 불충분함을 조합해서는 결코 구체에 합류하지 못하리라. 하나의 일반성을 다른 일반성으로 교정해서는 독자적인 것singulier에 이르지 못한다. 이 모든 것에서, 베르그손은 옥타브 아믈랭Octave Hamelin을 생각하고 있다. 그의 『표상의 주요 요소들에 대한 시론』*Essai sur les éléments principaux de la représentation*은 1907년에 나왔다. 하지만 또한, 이 페이지들에서 표면화된 건 베르그손주의와 헤겔주의의, 나아가 그 어떤 변증법적 방법과의 양립 불가능성이다. 베르그손은 변증법이 **가짜 운동** 즉 추상적 개념의 운동이라고 비난한다. 변증법은 부정확함의 힘에 의해서만 한 대립물에서 다른 대립물로 간다는 것이다.[15]

39   다시 한번 말하지만, 베르그손은 플라톤적 어조들을 되찾는다. 플라톤은 '일은 다이고, 다는 일이다', '존재는 비존재다' 등과 같은 말을 하는 사람들을 조롱한 첫 번째 인물이리라. 그는 각각의 경우에 **얼마나, 어떻게, 어디에, 언제**를 물었다. 다의 "어떤" 단일체이며, 일의 "어떤" 다인가?[16] 반대자들의 조합은 너무 헐렁해서 모든 것을 빠져나가게 하는 그물을 형성하기에 우리에게 아무것도 말해 주지 않는다. 재단과 훌륭한 요리사에 관한 플라톤의 메타포를 베르그손은 아주 좋아하는데, 훌륭한 재단사와 치수에 맞는 옷을 원용하는 베르그손의 메타포는

---

15) 아주 다양한 맥락에서, 가짜 운동, 추상적 운동, 진짜 운동에 대한 몰이해라는 헤겔 변증법에 대한 고발은 키르케고르, 포이어바흐, 마르크스, 니체에서 자주 등장하는 주제다.
16) 플라톤, 『필레보스』 참조.

이 메타포에 대한 응답이다. 정확한 개념이란 무릇 그래야 한다. "철학에 진정으로 중요한 건, 추상적인 일과 다보다 우월한 **어떤** 단일체, **어떤** 다양체, **어떤** 현실이 인물의 다양한 단일체인지 아는 일이다…. 개념들은 통상 짝으로 다니며 두 반대자를 표상한다. 구체적 현실의 거의 대부분에 대해 우리는 두 가지 반대되는 관점을 취할 수 있으며, 따라서 이것을 적대적인 두 개념에 포섭할 수 있다. 이로부터 정립과 반정립이 나오는데, 그것들을 논리적으로 화해시키려는 건 부질없는 짓이다. 개념들이나 관점들로는 결코 사물을 만들 수 없다는 아주 단순한 이유 때문이다…. 내가 지속을 **분석**하려 한다면, 다시 말해 이미 만들어져 있는 개념들에 지속을 녹여 내려 한다면, 나는 개념과 분석의 본성 자체로 인해 **지속 일반**에 대해 대립하는 두 관점을 취해야만 하며, 그다음에 나는 이것을 가지고 지속 일반을 재구성한다고 주장하리라. 이러한 조합은 정도들의 잡다함도 형식들의 다양함도 제시할 수 없으리라. 그런 것은 존재하든지 존재하지 않든지 둘 중 하나다. 가령 나는 한편으로 의식의 순차적 상태들의 **다양체**가 있고, 다른 한편 그 상태들을 다시 묶는 통일성이 있다고 말하리라. 지속은 이 단일체와 이 다양체의 **종합**일 테고 신비한 작용일 테다. 되풀이하여 말하건대 우리는 이 작용이 어떻게 뉘앙스들 혹은 정도들을 포함하는지를 알지 못한다." [17)]

40

17) PM, 1409~1416, 197~207. 이 구절은 변증법의 안이함을 고발하는 플라톤의 구절과 가깝다. 이미 우리는 나눔이라는 베르그손의 방법이 플라톤적 영감이 있었음을 보았다. 실제로 각각의 경우에 "척도", "무엇" 혹은 "얼마나"를 규정할 수 있는 절차를 탐색한다는 점이 베르그손과 플라톤의 공통점이다. 세련된 변증법이 이런 요구를 만족시킬 수 있으리라고 플라톤이 생각했다는 건 맞다. 반대로 베르그손은 변증법 일반은 플라톤의 것을 포함해서 철학의 (그리고 철학사의) 출범을 위해서만 타당하다고 평가한다. 변증법은 진짜 나눔의 방법을 비껴가며, 전적으

베르그손이 변증법에 반대해서, 대립자라는 일반적 착상(일과 다)에 반대해서 주장하는 건 다양체에 대한 섬세한 지각, "무엇"과 "어떻게"에 대한 섬세한 지각, 그가 "뉘앙스" 혹은 잠재태로 있는 수nombre en puissance라고 부르는 것에 대한 섬세한 지각이다. 지속은 정확히는 그것이 하나의 다양체, 다양체의 한 유형이기 때문에 생성과 대립한다.[18] 이 다양체는 너무 큰 조합으로 환원될 수 없다. 그런 조합에서 대립물들은, '일'과 '다' 일반은, 모든 "척도"와 모든 진짜 실체를 박탈당한 채, 일반화의 극단 지점에서 파악될 때만 일치한다. 지속인 이 다양체는, 단일체가 일과 뒤섞이지 않듯, 다와 전혀 뒤섞이지 않는다.

41 　　흔히 부정의 두 형식이 구별된다. 단순 제한 부정과 대립 부정이 그것이다.[19] 그리고 칸트와 그 후의 철학자들이 전자의 형식을 후자의 형식으로 대체한 것이 철학에서의 획기적 혁명이었다는 건 확실하다. 더욱 주목할 만한 건, 베르그손이 부정을 비판할 때 두 형식을 똑같이 고발한다는 점이다. 베르그손이 보기에 두 형식 모두 똑같은 불충분함을 내포하고 또 증언한다. 왜냐하면 만일 우리가 **무질서** 혹은 **비존재** 같은 부정적 관념들을 고려한다면, 존재와 질서에서 출발해서, 모든

로 형식적이고 언어적인 마디들에 따라서 실재를 재단하는 것 말고 아무것도 할 수 없다. PM, 1321, 87 참조. "철학이 처음에는 거기에 만족했고 또 순수 변증법으로 시작했다는 것만큼 자연스러운 건 없다. 철학이 다른 걸 이용할 순 없었으리라. 플라톤이나 아리스토텔레스 같은 철학자도 언어 속에 이미 만들어져 있는 현실의 재단을 채용했다…"

[옮긴이] '변증술' 혹은 '변증법'은 모두 '대화'라는 말에서 유래했다. 자연어를 쓴다는 점에서 정밀도가 떨어지지만, 처음 철학이 시작될 때는 다른 수단이 없었다. 변증법에 대한 비판은 「옮긴이 해제」 참조.

18) [옮긴이] 이 문장에서 '생성'은 제한적인 뜻으로 쓰였다. 전통적으로 '불변을 특성으로 하는 존재에 대립한다'는 뜻의 '생성'과 대립한다는 의미다.

19) [옮긴이] 단순 제한 부정은 예컨대 '유한하다'와 '유한하지 않다'를, 대립 부정은 예컨대 '유한하다'와 '무한하다'를 가리킨다.

사물이 그 둘 사이에 (분석적으로) 포함되어 있는 하나의 "퇴락"의 극한 limite이라고 그것들을 착상하건, 존재와 질서에 대립해서, 모든 사물들을 (종합적으로) 생산하기 위해 그 둘의 잠재력을 행사하고 그 둘의 대립물과 서로 결합하는 힘이라고 그것들을 착상하건, 그건 결과는 똑같을 것이기 때문이다. 그래서 베르그손의 비판은 이중적이다. 그는 부정의 두 형식이 **본성의 차이들**을 똑같이 모르고 있다고, 그것들이 때로는 "퇴락"으로 때로는 대립으로 대리되고 있다고 고발한다. 베르그손의 기획의 본질적인 점은 그 어떤 부정의 형식과도 독립해서 본성의 차이들을 생각한다는 점이다. 존재에는 차이들이 있지만, 그 어떤 부정적인 것도 없다. 부정은 언제나 너무나도 일반적인 추상적 개념들을 내포하고 있다. 실제로 모든 부정에 공통되는 뿌리는 무엇일까? 우리는 앞에서 그것을 보았다. 두 질서 간의 본성의 차이에서 출발하는 대신, 두 존재 간의 본성의 차이에서 출발하는 대신, 사람들은 질서 혹은 존재라는 일반 관념을 만드는데, 그것은 비존재 일반, 무질서 일반과 대립해서만 생각할 수 있고, **혹은** 우리가 무질서 일반, 비존재 일반으로 데려가는 퇴락의 출발점으로서만 정립할 수 있다. 어떤 식으로건 "어떤" 질서인가? "어떤" 존재인가? 등의 본성의 차이들이라는 물음은 등한시되었다. 마찬가지로 두 유형의 다양체 간의 본성의 차이도 등한시되고 있다. 그리하여 다 일반이라는 반대자와 조합되는 일의 일반 관념을 만들어, 모든 사물을 다라는 반대되는 힘 혹은 일의 퇴락이라는 관점에서 재구성하고 있다. 실로 우리가 일과 다의 관점에서 진행되는 사고의 신비화를 고발할 수 있는 건, 바로 다양체라는 범주 및 그것이 두 유형 사이에서 내포하는 본성의 차이 덕분이다. 따라서 제한 부정의 비판, 대립 부정의 비판, 일반 관념의 비판 등 베르그손 철학의 모든 비

42

판적인 양상이 어떻게 같은 주제에 속하는지 잘 보았다.

＊　　＊　　＊

"운동 개념을 같은 분석에 맡기면…."[20] 실제로 물리적 경험으로서의 운동 자체는 복합물이다. 한편으로 동체動體가 주파한 공간이 있는데, 그것은 무한히 나뉠 수 있는 수적 다양체를 형성하며, 그 다양체의 모든 부분은 실재적이건 가능하건 간에 현행적이며 정도에서만 차이 난다. 다른 한편 순수 운동이 있는데, 그것은 **변질**이며, 질적인 잠재적 다양체며, 발걸음으로 나뉘는 아킬레우스의 경주로와 같지만, 나뉠 때마다 본성이 바뀐다.[21] 베르그손이 발견한 건, 위치 이동 아래에는 언제나 다른 본성을 가진 운송이 있다는 점이다. 그리고 밖에서 볼 때 경주로를 구성하는 수적 부분들로 보이는 것은, 안에서 살아 낼 땐 단지 회피된 장애물이다.

하지만 지속이란 심리적 경험을 운동이란 물리학적 경험으로 확장하면 하나의 문제가 절박해진다. 심리학적 경험의 관점에서 "외부 사물들은 지속할까?"라는 물음은 규정되지 않은 채로 남는다. 더구나 베르그손은『시론』에서 두 번에 걸쳐 "표현할 수 없는" 근거, "이해할 수 없는" 근거를 내세운 바 있다. "우리 바깥에는 지속 중에서 무엇이 존재할까? 현재뿐, 혹은 원한다면, 동시성뿐이다. 물론 외부 사물들은 바뀌지만, 그 사물들의 계기들은 그것들을 재기억하는 의식에 대해서

---

20) DI, 74, 82.
21) EC, 757, 310 이하의 매우 중요한 구절을 참조. "모든 운동은 내부적으로 분절되어 있다" 등.

만 계속된다…. 따라서 외부 사물들이 지속한다고 말하기보다는, 오히려 우리 지속의 계속되는 계기들에서 그 사물들을 고려할 때면 그것들이 바뀌었다고 확인할 수밖에 없는 뭔가 표현할 수 없는 근거가 그것들 안에 있다고 말해야 한다." "사물들이 우리처럼 지속하지 않는다고 하더라도, 그 안에는 현상들이 순차적으로 나타나며 온통 한꺼번에 전개되지 않는 듯 보이게 하는 어떤 이해할 수 없는 근거가 있음이 틀림없다." [22]

그렇지만 『시론』은 이미 운동에 대한 하나의 분석을 마련한 바 있다. 그러나 운동은 무엇보다, 의식하고 지속하는 주체를 내포하며 심리적 경험으로서의 지속과 뒤섞여 있는 "의식의 사실"로 정립되었다. 운동이 의식만 아니라 사물에도 속한다고 파악되는 한에서만, 운동은 심리적 지속과 뒤섞이기를 그치고 오히려 그것의 적용 지점을 이동시켜 그로써 사물을 필연적으로 지속 자체에 직접 참여케 하리라. 만일 의식뿐 아니라 사물에도 질들이 있다면, 만일 내 바깥에 질들의 운동이 있다면, 사물들은 나름의 방식으로 지속하고 있음이 틀림없다. 심리적 지속은 잘 규정된 경우요 존재론적 지속으로의 열림일 따름임이 틀림없다. 존재론이 가능함이 틀림없다. 왜냐하면 지속은 처음부터 다양체로 정의되었으니까. 이 다양체는 운동 덕분에 존재 자체와 뒤섞이게 되지 않을까? 그리고 이 다양체는 아주 특별한 속성들을 부여받았으니, 어떤 의미로 **여러** 지속이 있다고, 어떤 의미로 **단 하나의** 지속이 있다고 말할 수 있을까? 나아가 어떤 의미로 일과 다의 존재론적 양자택일을 넘어갈 수 있을까? 동시에, 그와 관련된 문제 하나가 아주 절박해

44

---

22) DI, 148, 170; 137, 157.

진다. 만일 사물들이 지속한다면, 혹은 사물들에 지속이 있다면, 공간의 문제는 새로운 지반 위에 서야만 하리라. 왜냐하면 공간은 단지 외부성의 형식, 지속을 왜곡하는 일종의 막, 순수를 교란하게 될 불순함, 절대에 대립하는 상대적인 것이 아닐 테니 말이다. 공간 자체는 사물들에, 사물 간의 관계나 지속 간의 관계에 기초해야 할 테고, 자신을 절대에 속하게 해야 할 테고, 자신의 "순수함"을 가져야 할 테다. 이것이 베르그손 철학의 이중적 진전일 것이다.

3장 잠재적 공존으로서의 기억
: 과거의 존재론과 기억의 심리학

지속은 본질적으로 기억, 의식, 자유다. 그리고 그것은 먼저 기억이기 45
때문에 의식이고 자유다. 이제 기억과 지속 자체의 이 동일성을 베르
그손은 항상 두 방식으로 제시한다. "현재 속에 과거의 보존**과** 축적."
혹은 "현재는 끊임없이 커 가는 과거의 이미지를 또렷하게 가둬 두**든
지**, 아니면 차라리 현재는 연속적인 질의 바뀜에 의해 나이를 먹어 감
에 따라 자기 뒤에 끌고 가는 항상 더 무거워지는 짐임을 증명하**든지**".
혹은 다시 "직접적 지각의 기초를 회상의 보자기로 덮는 것으로서,
그리고 또한 다양한 계기들을 응축시키는 것으로서, 이 **두 형식**의 기
억".[1] 실제, 자신과 동일한 것으로 반복되는 순간들의 불연속적 계열과
지속을 구별하는 방식은 두 가지로 표현해야만 한다. 한편으로, "뒤따 46
르는 계기는 앞선 계기 위에서 앞선 계기가 그것에 남겨 준 회상을 항

---

1) ES, 818, 5; PM, 1411, 201; MM, 184, 31. 각 구절에서 강조는 지은이가 했다. 기억의 이 두 형식
과 베르그손이 『물질과 기억』 2장의 시작 부분(225, 83)에서 말한 두 형식을 혼동하면 안 되리
라. 구별의 원리가 전혀 같지 않기 때문이다. 이 책 78쪽 주42 참조.

상 포함한다".[2] 다른 한편, 전자가 나타날 때 후자가 아직 사라지지 않았기 때문에 두 계기는 후자가 전자로 응축하거나 압축한다. 따라서 두 개의 기억 혹은 풀리지 않게 묶여 있는 기억의 두 양상, 회상-기억과 응축-기억이 있다. (만약 지속에서 최종적으로 이 이원성의 근거가 무엇인지 묻는다면, 분명 우리는 근거를 우리가 나중에 연구할 운동에서 찾을 것이다. 지속하는 "현재"는 이 운동을 통해 매 "순간" 두 방향으로 나뉘는데, 과거쪽으로 향하며 이완된 방향과 장래 쪽으로 응축되며 자신을 응축하는 다른 방향이 그것이다.)

하지만 순수 지속 자체는 "권리"상 나눔의 결과물이다. 기억이 지속과 동일하다는 것, 그리고 기억이 지속과 외연이 같다는 것은 분명하지만, 이 명제는 사실상 타당하기보다 권리상 타당하다. 기억에 특유한 문제는 이렇다. 어떻게, 어떤 메커니즘에 의해 지속은 사실상 기억으로 될까? 권리상 있는 것이 어떻게 자신을 현행화할까? 마찬가지로, 베르그손은 의식이 권리상 생과 외연이 같다는 것을 보여 줄 것이다. 하지만 어떻게, 어떤 조건에서, 생은 사실상 자기 의식conscience de soi으로 될까?[3]

*　　*　　*

『물질과 기억』1장의 분석을 다시 취해 보자. 우리는 주체성의 다섯 가지 의미 혹은 다섯 가지 양상을 구별하기에 이르렀다. 1) **필요-주**

---

2) PM, 1393, 183.

3) ES, 820, 8 참조.

체성, 부정의 계기(필요는 사물들의 연속성에 구멍을 내며, 객체에서 흥미를 끄는 모든 것을 간직하고, 나머지는 지나가게 내버려 둔다). 2) **뇌-주체성**, 간 격 혹은 미규정의 계기(뇌는 객체에서 우리 필요에 대응하는 것을 "선택" 할 수단을 우리에게 제공한다. 수용된 운동과 수행된 운동 사이에 간격을 도입 하기 때문에, 뇌 자체는 두 가지 방식으로 선택이다. 뇌는 그 자체로, 또 그 신 경망 덕에, 흥분을 무한히 나누며, 또한 뇌는 우리가 골수의 운동 세포들과 관 련하여 여러 가능한 반작용 중에서 선택할 수 있게 해주기 때문이다). 3) **변 용-주체성**,[4] 고통의 계기(왜냐하면 변용은 뇌 혹은 의식적 지각의 대가代價 이기 때문이다. 어떤 유기적 부분들이 순수하게 수용적 역할을 하는 부동성에 바쳐지지 않으면, 이 부동성이 그 유기적인 부분들을 고통스럽게 만들기 때문 에, 지각은 가능한 작용을 숙고하지 않으며 뇌는 "간격"을 확보하지 않는다). 4) **회상-주체성**, 기억의 첫째 양상(회상은 간격을 채우게 될 터이기에, 뇌

---

4) [옮긴이] 여기서 '변용'의 원어는 affection이다. 프랑스어 동사 affecter(영어 affect, 독일어 affizieren)는 라틴어 afficere에서 유래했는데, '~를 향하는'을 뜻하는 ad와 '행하다'를 뜻하는 facere가 합쳐진 말로, '~에 작용을 가하다'라는 뜻이다. 이 동사는 한국어로는 대체로 두 낱말 로 번역된다. 스피노자의 맥락에서는 '변용시키다', 칸트의 맥락에서는 '촉발하다'. 한국어로 변용(變容)은 '용모가 바뀜, 또는 그렇게 바뀐 용모'를 뜻한다. 스피노자는 두 물체가 만나면 서 로가 서로에게 작용을 가한다고, 즉 상호 변용시킨다고 보았다. '변용'은 구체적인 만남에서 가 하는 국면(능동)과 당하는 국면(수동)을 필연적으로 내포하며, 따라서 '변용시키다'와 '변용하 다'는 각 물체에게 동시에 벌어진다. 이 두 국면을 가리키는 명사가 affection(변용)이다. 한 물 체는 다른 물체를 변용시키는 동시에 자신이 변용하며, 이런 일은 만남 속 모든 물체에서 벌어 진다. 한편 칸트에서 이 말의 용법은 사태의 한 국면만을 가리키는 것으로 축소된다. 칸트는 사 물 자체가 인간의 인식 능력에 작용해서 인식 가능한 대상이 되는 국면을 가리키기 위해 '촉 발'이라는 말을 쓴다. 촉발은 인식 주체의 수동성 또는 일방적 수용성과 관련된다. 주체는 인식 대상을 일정하게 틀 지우긴 하지만 대상이 주체를 촉발하는 것과는 다른 차원에서다. 들뢰즈 는 affecter를 인간중심주의를 넘어 만물에 통용되는 원리로 삼는 스피노자의 용법을 따른다. 들뢰즈의 베르그손 해석도 이 맥락에서 이해해야 한다. 하지만 주체성을 분류하는 지금 맥락 에서 '변용'은 '느낌'(sentiment)이라는 뜻에 가깝다. 몸의 변용이 고려되고 있는 게 아니기 때 문이다.

의 고유한 간격 속에서 자신을 구현하거나 자신을 현행화한다). 5) **응축-주체성**, 기억의 둘째 양상(몸은 시간 속 점 형식의 순간이 아닐뿐더러 공간 속 수학적 점도 아니다. 몸은 받아들인 흥분들의 응축을 확보하며, 그로부터 질이 탄생한다).

이제 이 다섯 가지 양상은 깊어지는 순서로 조직될 뿐 아니라 **매우 다른 두 개의 사실들의 선들 위로 분배**된다. 『물질과 기억』 1장은 물질과 기억, 지각과 회상, 객체와 주체 등 발산하는 두 방향으로 복합물('표상')을 분해하겠다고 했다(『시론』의 두 가지 다양체를 참고할 것). 주체성의 다섯 가지 양상 중 앞의 두 양상은 분명 객체적 선에 속한다. 하나는 객체에서 빼내는 데 그치고 다른 하나는 미규정 지대를 설립하는 데 그치기 때문이다. 세 번째 의미인 변용의 경우는 더 복잡하다. 그건 분명 두 선의 교차에 의존한다. 하지만 변용의 실상을 보면 변용은 아직 순수 객체성에 대립하는 순수 주체성의 현존은 아니며, 오히려 전자를 동요시키게 될 "불순함"이다.[5] 따라서 주체성의 순수한 선에 해당하는 건 네 번째와 다섯 번째 의미다. 기억의 두 양상만이 형식적으로formellement 주체성을 의미하며, 다른 의미들은 한 선을 다른 선으로 삽입하고 한 선과 다른 선이 교차하도록 준비시키거나 확보하는 데 그친다.

* * *

'회상은 어디에 보존될까?'라는 물음은 가짜 문제 즉 잘못 분석된

---

5) MM, 206, 59 참조.

복합물을 내포하고 있다. 마치 회상이 어딘가에 보존되어야만 한다는 듯, 가령 뇌가 회상을 보존할 수 있다는 듯 굴고 있다. 하지만 뇌는 전적으로 객체성의 선에 있다. 뇌는 물질의 다른 상태들과 어떤 본성의 차이도 있을 수 없다. 뇌가 규정하는 순수 지각에서 모든 것이 운동이듯, 뇌 안에서 모든 것은 운동이다. (그런데 운동이라는 용어는 분명 지속하는 운동의 방식이 아니라, 반대로 "순식간의 절단"이라는 방식으로 이해되어야 한다.)[6] 반대로 회상은 주체성의 선의 일부다. 뇌를 회상의 저장소 혹은 기체基體라고 착상하면서 두 선을 혼합하는 것은 터무니없는 일이다. 게다가, 두 번째 선을 검토하면, 회상은 지속 "안" 말고 다른 곳에 보존될 필요가 없다는 것을 보여 주기에 충분하리라. **따라서 회상은 즉자적으로 자신을 보존한다.** "**지속하기**와 그 결과 파괴할 수 없는 과거를 끊임없이 현재로 연장하기를 본질로 갖는 하나의 **실체**를 순수 상태의 내적 경험이 우리에게 제공한다는 걸 자각했더라면, 우리는 회상이 어디에 보존되는지 찾으려 하지 않았을 테고, 찾으려 해서도 안 되었을 것이다. 회상은 자체로 자신을 보존한다…"[7] 게다가 우리는 과거가 **자신 속**en soi[즉자적으로] 말고 다른 곳에, 예컨대 뇌 속에 보존된다고 가정하는 일에는 전혀 흥미가 없다. 그럴 경우, 뇌 쪽에서도 자체로 자신을 보존할 능력이 있어야만 하리라. 또한 그럴 경우, 우리가 지속에 대해 거부했던 이 보존 능력을 물질의 한 상태에 혹은 심지어 물질 전체에 부여해야만 하리라.[8]

49

---

6) MM, 223, 81.

7) PM, 1315, 80.

8) MM, 290, 165~166.

우리는 베르그손주의의 가장 깊으면서도 아마 가장 덜 이해된 양상의 하나인 기억의 이론을 손대고 있다. 앞에서 구별한 두 선의 경우처럼, 물질과 기억, 순수 지각과 순수 회상, 현재와 과거 사이에도 본성의 차이가 있음이 틀림없다. 만일 우리가 과거의 즉자적 잔존을 생각하는 게 그토록 어렵다면, 그건 우리가 과거가 더는 없다고, 과거가 있기를 그쳤다고 믿고 있기 때문이다. 그렇게 우리는 '존재'être와 현재-임être-présent을 혼동해 왔다. 그렇지만, 현재는 **있지 않다**. 오히려 현재는 항상 자신 바깥에 있는 순수 생성이리라. 현재는 있지 않고 작용한다. 현재의 고유한 요소는 존재가 아니라 작용 혹은 유용함이다. 반대로, 과거에 대해서는 작용하기 혹은 유용하기를 그쳤다고 말해야 한다. 하지만 그것은 있기를 그치지는 않았다. 단어의 충만한 의미에서, 과거는 쓸모없고, 작용하지 않고, 아무 겪음 없이 〈있다〉.[9] 과거는 즉자적인 존재와 뒤섞여 있다. 과거는 "있었다"라고 말해서는 안 되는데, 왜냐하면 그것은 존재의 즉자이며 존재가 즉자적으로 자신을 보존하는 형식이기 때문이다(이는 존재가 자신을 소비하고[10] 존재가 자신 바깥에 놓이는 형식인 현재와 대립한다). 극한에서, 보통의 규정들은 맞바뀐다. 현재에 대해서는 이미 "있었다"라고 매 순간 말해야 하며, 과거에 대해서는 "있다"라고, 영원히 모든 시간에 걸쳐 있다고 말해야 한다. 이것이 과거와

---

9) [옮긴이] 원문은 다음과 같다. "Inutile et inactif, impassible, il EST." '있다'라는 말은 최대로 강조되어 있는데, 가장 중요한 특징이 앞에 나온 세 가지 형용사로 수식된다. '쓸모'라는 건 현재의 필요와 관련되기에 과거는 쓸모없고, 능동(action)이나 수동(passion)도 현재에 일어나는 일이기에 과거는 작용하지도 겪지도 않는다.

10) [옮긴이] 나중에 『안티 오이디푸스』에서도 중요한 역할을 하는 프랑스어 consommer는 '소비'와 '완수'라는 뜻을 동시에 갖고 있다(프랑스어판 p. 10, 한국어판 27쪽 이하 참조).

현재 간의 본성의 차이다.[11] 하지만 베르그손 이론의 이 첫째 양상은 심리학을 넘어선 범위가 강조되지 않으면 모든 의미를 잃어버리리라. 베르그손이 "순수 회상"이라 부르는 것은 심리적 실존이 아니다. 바로 이런 이유로 그것은 **잠재적**이고, 작용하지 않고, 무의식적이라고 얘기된다. 이 모든 단어, 특히 프로이트 이래로 특별히 효력 있고 작용적인 심리적 실존과 뗄 수 없는 것처럼 보이는 "무의식"이란 단어는 위험하다. 우리는 프로이트의 무의식과 베르그손의 무의식을 대결시켜야 할 텐데, 왜냐하면 베르그손 자신이 대조한 바 있기 때문이다.[12] 그렇지만 우리는 당장에 베르그손이 "무의식"이란 단어를 의식 바깥의 심리적 현실을 가리키기 위해서가 아니라 비심리적 현실, 즉 즉자적으로 있는 그런 존재를 가리키기 위해 채용했다는 것을 이해해야만 한다. 아주 엄밀하게 말하면, 심리적인 것은 현재다. 현재만이 "심리적"이다. 하지만 과거는 순수 존재론이며, 순수 회상은 존재론적인 의미만 있다.[13]

이제 베르그손이 자신의 이론 전체를 요약한 감탄할 만한 구절을 인용하자. 우리가 우리를 빠져나가는 회상을 찾으려 할 때, "우리는 현재에서 이탈해서 우선 과거 일반에, 다음으로 과거의 특정 지역에 다

---

11) 그렇지만, 다른 경우에 베르그손은 있음과 유용함 사이에 정도의 차이밖에 없다고 긍정했다. 실제로 지각은 객체에서 우리에게 유용한 것만 간직하기 때문에 객체와 구별되는 것일 뿐이다. MM, ch. 1 참조. 지각보다는 객체에 **더 많은 것**이 있지만, 다른 본성을 가진 건 전혀 없다. 하지만 이 경우에 존재는 물질 혹은 지각된 객체의 존재, 따라서 **현재 있음**(être présent)일 뿐이며, 현재 있음과 유용함은 단지 정도에서만 구별된다.

12) PM, 1316, 81.

13) 이 양상은 장 이폴리트(Jean Hyppolite)에 의해 깊게 분석됐는데, 그는 『물질과 기억』에 대한 "심리적" 해석들을 고발한다. 「베르그손주의에서 실존주의까지」(Du bergsonisme à l'existentialisme), 『메르퀴르 드 프랑스』(Mercure de France), July 1949 참조. 또 「베르그손에서 기억의 다양한 양상들」(Aspects divers de la mémoire chez Bergson), 『국제철학회보』(Revue internationale de philosophie), October 1949 참조.

시 자리하는 **독특한**sui generis [14] 행위를 의식한다. 이것은 사진기의 초점을 맞추는 것과 유사한 조정 작업이다. 하지만 우리 회상은 아직 잠재적 상태로 남아 있다. 우리는 단지 적절한 태도를 취함으로써 회상을 수용할 수 있도록 그렇게 준비하고 있다. 점차 그것은 응축하는 구름처럼 나타난다. 그것은 잠재적 상태에서 현행적 상태로 이행한다…". [15] 여기서도 구절에 대한 과도한 심리적 해석을 피해야만 한다. 베르그손은 사실 심리적 행위에 대해서도 말한다. 하지만 이 행위가 **"독특"**하다면, 그건 그 행위가 진정한 **도약**saut을 해냈다는 데 있다. 우리는 **단번에** 과거에 자리 잡는다. 우리는 마치 고유한 요소 속으로 도약하듯 과거로 도약한다. [16] 우리가 우리 자신 안에서가 아니라 사물들이 있는 곳에서 사물들을 지각하는 것과 마찬가지로, 우리는 우리 안에서, 우리의 현재에서가 아니라 과거가 있는 곳에서, 과거 자체 안에서 과거를 파악할 뿐이다. 따라서 이런저런 현재의 특수한 과거가 아닌 존재론적 요소와도 같은 "과거 일반"이, 모든 특정 현재의 "이행" 조건이며 영원히 모든 시간에 걸쳐 존재하는 과거가 있다. 모든 과거를 가능케 하는 것은 바로 과거 일반이다. 우리는 우선 과거 일반에 자리 잡는다고 베르그손은 말한다. 그가 이런 식으로 묘사하는 건 **존재론으로의 도약**이다. 우리는 존재로, 즉자적 존재로, 과거라는 즉자적 존재로 진짜로 도약한다. 관건은 심리학에서 떠나는 것이다. 기억 너머의 '기억' 혹은 존

---

14) [옮긴이] 라틴어로 genus는 논리학이나 생물학에서 분류의 큰 단위인 유(類)이고, se는 '자기'라는 뜻이다. sui generis는 이 각각의 2격(소유격) 변화형이다. 따라서 이 표현은 '자신의 유에 속한다', 즉 '독특하다'라는 뜻이다.

15) MM, 276~277, 148.

16) "단번에"라는 표현은 『물질과 기억』 2장과 3장에 빈번히 나타난다.

재론적 '기억'이 관건이다. 그다음, 일단 도약이 행해지고 나서야 회상은 점차 심리적 실존을 얻게 된다. "그것은 잠재적 상태에서 현행인 상태로 이행한다…." 우리는 회상을 그것이 있는 곳에서, 아무 겪음 없는 '존재' 안에서 찾아 왔다. 그리고 우리는 점차 회상에 구현을, "심리화"를 부여한다.

이 구절과 몇몇 다른 구절 사이의 평행관계는 강조되어야만 한다. 왜냐하면 베르그손은 언어를 기억과 같은 방법으로 분석했기 때문이다. 우리가 우리에게 말해진 것을 이해하는 방식은 우리가 회상을 찾는 방식과 동일하다. 들은 소리와 연상된 이미지에서 출발해서 의미를 재구성하기는커녕, 우리는 **단번에** 의미의 요소에, 그다음 이 요소의 한 영역에 **자리 잡는다**. '존재' 안으로의 진정한 도약. 그다음에야, 의미가 생리학적으로 지각된 소리 속에서 현행화되며, 또한 그 소리에 심리적으로 연합된 이미지들 속에서 현행화된다. 의미의 초월성, 언어의 존재론적 기초와 같은 것이 있는데, 우리가 앞으로 보겠지만, 그것들은 언어에 대해 너무 간결하게 비판했다고 알려진 저자에게는 그만큼 더 중요하다.[17]

도약 속에서, 뛰어오름 속에서, 단번에 과거에 자리 잡아야 한다. 53 여기서도 "도약"이라는 거의 키르케고르적인 관념은 연속성을 그토록 사랑한다고 알려진 철학자에게는 낯선 것이다. 그 관념은 무엇을 의미할까? 당신은 그 어떤 현재건 간에 현재로 과거를 재구성하지 못할 거라고 베르그손은 끊임없이 말한다. "순수하고 단순한 이미지는, 실제 내가 그걸 찾으려 했던 것이 과거에서가 아니었다면, 나를 과거로 다

---

17) MM, 261, 129 참조. "청자는 단번에 대응하는 관념들 가운데 자리한다…."

시 데려가지 않았으리라."[18] 참으로 우리에게 과거는 두 현재 사이에, 한때 그것이었던 옛 현재와 지나간 때에 대립하는 현행적 현재 사이 끼어 있는 것으로 보인다. 이로부터 두 가지 가짜 믿음이 나온다. 한편으로 우리는 과거라는 게 일단 현재였던 **다음에** 구성된다고 믿는다. 다른 한편 우리는 과거는 어떻든지 간에 새로운 현재에 의해 재구성됨으로써 지금 과거가 되었다고 믿는다. 이 이중의 가상은 기억에 관한 모든 생리학적 · 심리학적 이론의 핵심에 있다. 그 영향 아래서 우리는 회상과 지각 사이에 정도의 차이밖에 없다고 가정한다. 잘못 분석된 복합물에 자리한 것이다. 이 복합물은 심리적 현실로서의 이미지다. 실제로 이미지는 우리가 그것이 현행화하거나 구체화하는 회상을 찾으려 했던 지역의 무언가를 간직하고 있다. 하지만 정확히 말해서 이미지는 회상을 현행화할 때는 그것을 현재의 요구들에 적응시키며, 그것을 현재의 무언가로 만든다. 이렇게 우리는 현재와 과거 사이의, 순수 지각과 순수 기억 사이의 본성의 차이 대신 회상-이미지들과 이미지-지각들 사이의 단순한 정도의 차이들을 사용한다.

　　우리는 너무 "현재"의 견지에서 생각하는 습관이 있다. 우리는, 현재는 다른 현재에 의해 대체될 때만 지나갔다고 믿는다. 그렇지만 성찰해 보자. 만약 옛 현재가 현재인 동시에 지나가지 않았다면, 어떻게 새로운 현재가 나타나겠는가? 만약 현재가 현존하는 **동시에** 지나가지 않았다면, 어떻게 어떤 현재이건 지나가겠는가? 만약 과거가 현재였던 것과 동시에 즉시 자신을 구성하지 않았**더라**면, 결코 과거는 자신을 구성하지 않았으리라. 여기에 시간의 근본적인 위치와 기억의 가장 깊

54

---

18) MM, 278, 150.

은 역설이 있다. 과거는 그것**이었던** 현재와 "동시간적"이다. 만약 과거가 더는 있지 않기를 기다려야 한다면, 만약 과거가 지나간 게 즉각 그리고 지금이 아니라면, "과거 일반"은 결코 그것인 바가 될 수 없었을 테고, 결코 **이** 과거가 아니었으리라. 만일 과거가 즉각 자신을 구성하지 않았다면, 그것은 저편에 가 있는 현재에서 출발해서는 더더욱 재구성될 수 없었으리라. 만약 과거가 그 과거 때의 저 현재와 공존하지 않았다면, 그 과거는 구성되지 않았으리라.[19] 과거와 현재는 순차적인 두 계기가 아니라 공존하는 두 요소를 가리킨다. 하나는 현재인데 그것은 끊임없이 지나가고, 다른 하나는 과거인데 그것은 끊임없이 있으며 그것을 통해 모든 현재가 지나간다. 바로 이런 의미에서 순수 과거, 일종의 "과거 일반"이 존재한다. 과거는 현재를 뒤따르지 않으며, 반대로 그것 없이는 현재가 지나갈 수 없는 순수 조건이라고 가정된다. 바꿔 말해, 각각의 현재는 과거로서의 자기 자신으로 돌려보내진다. 이와 마찬가지인 테제로 이에 필적할 만한 것은 플라톤의 '상기'밖에 없다. 상기 역시도 시간의 펼쳐짐의 기초 역할을 할 수 있는, 과거의 순수 존재, 과거의 즉자 존재, 존재론적 '기억'을 긍정한다. 한 번 더, 베르그손에게는 플라톤적 영감이 깊이 느껴진다.[20]

55

---

19) ES, 913~914, 130~131 참조. "우리가 주장하는 바는 이렇다. **회상의 형성은 결코 지각의 형성 뒤에 오지 않는다. 그 둘의 형성은 동시간적이다**…. 실제로 회상은 지각 자체를 따라가며 창조되지 않는다고 가정해 보자. 나는 회상이 어떤 계기에 탄생하는지 묻고 있다…. 이에 대해 성찰하면 할수록, 회상이 지각 자체와 함께 창조되지 않는다면 어떻게 탄생할 수 있는지 이해하는 일은 더 어려워지리라…."

20) 또한 이 지점에서는 베르그손과 프루스트를 비교할 수 있다. 시간에 대한 그들의 착상은 극단적으로 다르지만, 둘 다 일종의 순수 과거, 과거의 즉자 존재를 인정한다. 프루스트에 따르면 이 즉자 존재는 살아 낼 수 있으며, 시간의 두 순간의 일치 덕에 체험될 수 있다. 하지만 베르그손에 의하면 순수 회상 혹은 순수 과거는 살아 낼 수 있는 영역이 아니다. **기시감**(paramnésie)

현재와 과거의 동시간성이라는 관념은 하나의 마지막 귀결을 갖는다. 과거는 그것이었던 현재와 공존한다. 그뿐 아니라 (현재는 지나가는 반면) 과거는 즉자적으로 자신을 보존한다. 각각의 현재와 공존하는 것은 전체적이고 통합적인 과거, 우리의 과거 **전체**다. 저 유명한 원뿔의 비유는 공존이라는 이 완전한 상태를 표상한다. 하지만 그런 상태는 결국, 과거 자신 안에서 모든 종류의 깊이의 층위들이 모습을 나타내고 이 층위들은 이 공존 안에서 모든 가능한 간격들을 표시한다는 걸 내포한다.[21] 과거 AB는 현재 S와 공존하지만, A'B', A"B" 등의 모든 단면을 자신 안에 포함하고 있으며, 이 단면들은 S와 관련해서 순수하게 관념적인 멀고 가까움의 정도들이다. 이 단면들 각각은 그 자체로 **잠재적**이며, 과거의 즉자 존재에 속한다.[22] 이 단면 각각 혹은 이 층위 각각은 과거의 이런저런 요소들이 아니라 항상 과거의 총체를 담고 있다. 단순히 말해, 그것은 다소 이완되고 다소 응축한 하나의 층위에서 이 총체를 담고 있다. 따라서 응축-'기억'이 회상-'기억'에 새겨지는, 그리고 어떤 면에서는 **그것과 교체되는** 정확한 지점이 여기에 있다. 이로부터 정확히 이런 귀결이 나온다. 베르그손의 지속은 마침내 계속보

에서도 우리는 단지 회상-이미지만을 살아 낸다.

21) 원뿔의 비유는 MM, 293, 169에서 처음 소개된다. 원뿔의 절단면들은 302, 181에 나타난다.
  [옮긴이] 참고로 MM, 302, 181에 있는 원뿔 그림을 소개하면 다음과 같다.

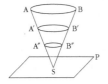

22) MM, 371, 272.

다는 공존에 의해 정의된다.

『시론』에서 지속은 실제로 계속에 의해 정의되며, 공존은 공간으로 돌려보내지고, 새로움의 역량 때문에 반복은 '물질'로 돌려보내진다. 하지만 보다 깊게는, 지속은 아주 상대적으로만 계속이다(같은 방식으로 우리는 지속이 상대적으로만 나눌 수 없다는 걸 보았다). 사실 지속은 진짜 계속이지만, 이는 더 깊게는 지속이 **잠재적 공존**이기 때문에 그런 것일 뿐이다. 모든 층위, 모든 긴장, 응축과 이완의 모든 정도와 자신과의 공존. 그리고 공존과 함께 반복을 지속 안에 재도입해야 한다. 물질의 "물리적" 반복과는 전적으로 다른 유형의 "심적" 반복. 유일무이한 평면seul et même plan[23] 위에서 요소들의 반복 대신 "평면들"의 반복. 현행적 반복 대신 잠재적 반복. 우리의 모든 과거는 그것이 그려 내는 모든 층위에서 노닐고, 한 번에 재개되고, **동시에** 반복된다.[24] 우리가 회상을 찾으며 단번에 과거에 자리할 때 행한 "도약"으로 돌아가자. 베르그손은 정확히 말한다. 우리는 "먼저 과거 일반에, 그다음 과거의 특정 지역에" 다시 자리한다. 중요한 건 과거의 특정 요소들, 특정 회상들을 담고 있을 하나의 지역이 아닌데, 이는 다른 요소들을 담고 있는 다른 지역에 대립할 뿐이다. 중요한 건 또렷이 구별되는 층위들이며, 그 각각은 우리의 과거 전체를 다소간 응축한 상태 속에서 담고 있다. 바로 이런 의미에서, 모든 것이 공존하며 모든 것이 서로 "반복하는", '존재'

57

---

23) [옮긴이] 프랑스어에서 plan은 영어의 plan(계획, 구도)과 plane(면, 평면)이라는 두 가지 뜻이 있는데, '구도'라는 의미는 초월적 성격을 갖지만 '면'이라는 의미는 내재적 성격을 갖는다. 들뢰즈는 여러 곳에서, 특히 『천 개의 고원』에서(열 번째 '생성' 고원 참조), 이 두 용법을 날카롭게 대립시키며 후자의 의미를 강조한다. 이 책 107쪽 주2 참조.
24) 이 **형이상학적 반복**에 대해서는 MM, 250, 115; 302, 181 참조.

자체의 지역들이, 과거 "일반"의 존재론적 지역들이 있다.

우리는 앞으로 이 학설이 어떻게 베르그손주의의 모든 문제를 재작동시키는지 볼 것이다. 지금은 같은 수만큼 많은 역설을 형성하는 네 개의 주요 명제를 요약하는 것으로 충분하다. 1) 우리는 단번에, 도약해서, 과거의 존재론적 요소에 위치한다(도약의 역설). 2) 현재와 과거 사이에는 본성의 차이가 있다('존재'의 역설). 3) 과거는 그것이었던 현재를 계승하지 않고 현재와 공존한다(동시간성의 역설). 4) 각각의 현재와 공존하는 것은, 통합적으로 응축과 이완의 다양한 층위에 있는 과거 전체다(심적 반복의 역설). 이 역설들은 서로 연결되어 있고, 각각은 다른 것들을 필요로 한다. 역으로 그것들이 고발하는 명제들도 보통의 기억 이론에 특징적인 집합을 형성한다. 우리가 다음과 같은 것을 믿게 되는 건 '시간'의 본질에 대한 유일한 가상, 잘못 분석된 똑같은 복합물이기 때문이다. 즉 우리는 현재로 과거를 재구성할 수 있다는 것, 우리는 과거에서 현재로 점진적으로 이행한다는 것, 과거와 현재는 앞과 뒤에 의해 구별된다는 것, 정신의 작업은 (층위들의 바뀜, 진정한 뛰어오름, 시스템들의 개정 대신에) 요소들의 첨가를 통하여 행해진다는 것.[25]

* * *

---

25) MM, 249~250, 114 참조. 베르그손은 어떻게 우리가 현재와 과거 사이에 **정도의 차이**만을 설립하자마자 필연적으로 과거는 현재를 **계승한다**고 믿게 되는지 아주 잘 보여 준다. ES, 914, 132 참조. "지각은 강한 상태로, 회상은 약한 상태로 정의되고, 또 지각의 회상은 이 약해진 지각일 수밖에 없기에, 우리가 보기에 기억은 지각을 무의식에 등록하기 위해 지각이 회상 안에 잠들기를 기다려야만 했던 것 같다. 그리고 이런 이유로 우리는 지각의 회상이 이 지각과 더불어 창조되지도 않고 이 지각과 동시에 전개되지도 않는다고 판단한다."

지금 우리의 문제는 이것이다. 어떻게 순수 회상이 심리적 실존을 얻게 될 것인가? 어떻게 이 순수 잠재가 자신을 현행화하게 될 것인가? 따라서 현재 상황의 요구나 필요에 따라 현재로부터 하나의 호출 appel이 나온다. 우리는 "도약"을 행한다. 우리는 과거 일반의 요소뿐 아니라 특정한 지역, 다시 말해 특정한 층위에 자리하는데, 우리는 그곳이 일종의 '상기' 속에서 우리의 현행적 필요에 대응한다고 가정한다. 실제로 각 층위는 우리 과거의 총체를 다소간 응축한 상태에서 포함한다. 베르그손은 덧붙인다. 또한 층위마다 달라질 수 있는 지배적 회상들이 **주목할 만한 점들**로서 존재한다.[26] 내 앞에서 영어 단어 하나가 발음되었다. 이 상황은 이 단어가 부분을 이루는 언어 일반이 어떤 것일 수 있는지, 혹은 어떤 사람이 이 단어나 비슷한 말을 전에 내게 말했었는지를 자문해야 하는 상황과 같지 않다. 경우마다 나는 과거의 같은 지역으로 도약하지 않았고, 같은 층위에 자리하지도 않았고, 같은 주요 특징들을 불러내지도 않았다. 나는 실패하게 된 것 같다. 회상을 찾으면서, 나는 그 회상을 찾기엔 너무 응축하고 너무 비좁은 층위에, 혹은 너무 넓고 팽창된 층위에 자리하고 있다. 올바른 도약을 발견하기 위해 모든 걸 다시 해야만 하리라. 이렇게 주장해 보자. 심리학적으로 매우 섬세해 보이는 이 분석은 실질적으로 아주 다른 의미가 있다. 그것은 우리와 존재의 친화성, 우리와 '존재'의 관계, 이 관계의 다양함과 관련되어 있다. 심리적 의식은 아직 태어나지 않았다. 그것은 태어나겠지만, 정확히는 그것이 여기서 고유하게 존재론적인 자신의 조건들을 발견하기 때문이다.

---

26) MM, 309~310, 190[이 책 116쪽 주14 참조].

심지어 그리고 무엇보다 텍스트가 구별들을 형식적으로 설립하기보다 시사하는 데 그칠 때, 극히 난해한 텍스트를 앞에 두고 주석자의 임무는 구별들을 번식시키는 것이다. 우선 우리는 회상으로의 호출appel au souvenir과 "이미지의 소환"(혹은 환기)rappel de l'image(ou évocation)을 뒤섞지 말아야 한다. 회상으로의 호출은 내가 잠재에, 과거에, 과거의 어떤 지역에, 응축의 특정 층위에 자리하게 해주는 이 뛰어오름이다. 우리는 이 호출이 인간의 혹은 차라리 기억의 고유하게 존재론적인 차원을 표현한다고 믿는다. "하지만 우리 회상은 아직 잠재 상태에 있다…".[27] 반대로 우리가 이미지의 환기 혹은 소환에 대하여 말할 때, 아주 다른 어떤 것이 관건이다. 일단 우리가 회상들이 놓여 있는 특정 층위에 자리하면, 그때 그리고 그때만 그 회상들은 자신을 현행화하는 경향이 있다. 현재의 호출이 있게 되면 회상들은 그것들을 순수 회상으로 성격 짓는 효력 없음, 아무 겪음 없음을 더는 갖지 않는다. 그것들은 "소환"될 수 있는 회상-이미지들로 생성한다. 그것들은 자신을 현행화하거나 구현한다. 이 현행화는 온갖 종류의 또렷이 구별되는 양상들, 단계들, 정도들을 갖는다.[28] 하지만 이 단계들과 정도들을 가로질러 심리적 의식을 구성하는 것은 바로 이 현행화(그리고 오직 그것뿐)이다. 어떻게 해도, 우리는 베르그손적 혁명을 본다. 우리는 현재에서 과거로, 지각에서 회상으로 가지 않고, 과거에서 현재로, 회상에서 지각으로 간다.

"총괄적intégrale 기억은 두 동시적 운동에 의해 현재 상태의 호출에

27) MM, 277, 148.
28) MM, 274~275, 145.

답한다. 하나는 기억이 경험을 맞으러 온전히 나아가서, 자신을 나누지 않고서도 행동의 관점에서 다소 **응축**하게 되는 **이송**translation 운동이고, 다른 하나는 기억이 그 순간의 상황에 가장 유용한 면을 내보이기 위해 그 상황 쪽으로 **방향을 잡는** 제자리 **회전**rotation 운동이다."[29] 따라서 이미 이송–응축과 회전–정향이라는 현행화의 두 양상이 있다. 우리의 물음은 이렇다. 이 이송–응축은 우리가 방금 말했던 과거의 지역들 및 층위들의 가변적인 응축과 뒤섞일 수 있을까? 베르그손의 맥락은 그렇다고 암시하는 것처럼 보인다. 그는 원뿔의 단면들, 다시 말해 과거의 층위들에 관해 이송–응축을 줄곧 원용하고 있으니 말이다.[30] 그렇지만 모든 종류의 근거를 통해 보면 우리는 두 응축 사이에 분명 어떤 관계가 있지만 둘은 전혀 뒤섞이지 않는다는 점을 납득한다. 베르그손이 과거의 층위들 혹은 지역들에 대해 말할 때, 이 층위들은 과거 일반 못지않게 잠재적이다. 더욱이 그 각각은 과거 전체를 다소간 응축한 상태에서, 어떤 가변적인 지배적 회상들 주위에서, 담고 있다. 따라서 크고 작은 응축은 한 층위와 다른 층위의 차이를 표현한다. 반대로, 베르그손이 이송에 대해 말할 때, 관건은 특정한 층위에서 취한 회상의 현행화에서 필요한 운동이다. 여기서 응축은 이제 두 잠재적 층위 사이의 존재론적 차이를 표현하지 않으며, 회상이 (심리학적으로) 자신을 현행화하는 운동 및 그것에 고유한 층위를 **동시에** 표현한다.[31]

61

---

29) MM, 307~308, 188(강조는 지은이의 것).
30) 가령, 우리가 방금 인용한 구절에서도.
31) 실제로 층위는 그것이 운반하는 회상만큼이나 현행화되어야 한다. MM, 371, 272 참조. "더구나 이 평면들은 완전히 만들어진 사물들처럼 서로 중첩되어 주어지지 않는다. 오히려 평면들은 잠재적으로, 정신의 사물들에 고유한 방식으로 실존한다. 지능은 그것들을 분리하는 간격을 따라 매 순간 움직이면서 그것들을 재발견하거나, 또는 오히려 끊임없이 새롭게 창조한

자신을 현행화하기 위해서는 회상이 점점 더 응축한 층위들을 통과해 최고 응축점 혹은 원뿔의 꼭짓점인 현재에 도달해야 한다고 믿는 것은 실로 오해이리라. 이는 여러 이유로 지지할 수 없는 해석이리라. 원뿔의 비유에서, 아주 응축한, 꼭짓점에 아주 가까운 층위일지라도 현행화되지 않는 이상은 여전히 이 꼭짓점, 즉 현재와의 진정한 본성의 차이를 나타낸다. 또 무엇보다 우리는 하나의 회상을 현행화하기 위해 층위를 바꿀 필요는 없다. 우리가 그렇게 해야만 한다면, 기억의 작동은 불가능하리라. 왜냐하면 각각의 회상은 자신에 고유한 자기 층위가 있기 때문이다. 그것은 더 넓은 지역에 너무 분산되거나 흩어져 있고, 더 좁은 지역에 너무 좁혀지고 뒤섞여 있다. 따라서 만약 각각의 회상을 현행화하기 위해 한 층위에서 다른 층위로 이행해야 한다면, 각각의 회상은 개별성을 잃어버리리라. 이러한 이유에서, 이송 운동은 회상이 자신의 층위와 동시에 자신을 현행화하는 운동이다. 이미지로 생성하는 회상이 현재와의 "융합"에 돌입하기 때문에 응축이 존재한다. 따라서 응축은 그것을 실효화하는 "의식의 평면들"을 지나간다. 하지만 그것은 중간 (정확히 말해 실효화되는 것을 막는) 층위들은 전혀 지나가지 않는다. 이로부터 회상이 자신을 현행화해 가는 **의식의 평면들**과 언제나 잠재적인 회상의 상태를 변화시키는 **과거의 지역들, 단면들 혹은 층위들**을 혼동하지 말아야 할 필연성이 나온다. 이로부터 응축해 있건 이완돼 있건 모든 층위가 잠재적으로 공존하는 내공적인[32] 존재론적 응축과 자신을 현행화하고 이미지로 생성하기 위해 각각의 회상이 자

62

다…."

32) [옮긴이] 원어는 intensif. 이 책 16쪽의 intensité에 대한 옮긴이 주 참조.

신의 층위(아무리 이완돼 있을지라도)에서 지나가야 하는 이송적인 심리적 응축을 구별할 필연성이 나온다.

하지만 다른 한편 베르그손은 회전이 있다고 말한다. 현행화의 과정에서, 회상은 그것을 현재로 통일시키는 이 이송을 수행하는 데 그치지 않고, 이 통일 속에서 그것의 "유용한 면"을 나타내기 위해서 제자리 회전을 수행하기도 한다. 베르그손은 이 회전의 본성을 정확히 말하지 않는다. 우리는 다른 구절들에서 출발해서 가설을 세워야만 한다. 따라서 이송 운동에서 자신을 현행화하는 것은 과거의 층위 전체와 동시에 특정한 회상이다. 따라서 층위 전체는 더는 순수 회상도 아니고 그렇다고 적절히 말해 아직 이미지도 아닌, 나뉘지 않은 표상 속에 응축한 채로 있다. 바로 이런 이유로 베르그손은 이 관점에서 아직 나눔이 없다고 정확히 말한 것이다.[33] 분명 회상은 자기 개별성이 있다. 하지만 어떻게 우리는 회상을 의식할 수 있을까? 어떻게 우리는 회상과 함께 자신을 현행화하는 지역을 회상과 구별할 수 있을까? 우리는 이 나뉘지 않은 표상(베르그손이 "역학적 도식"이라고 부를)에서 출발하는데, 거기서 현행화 도중에 있는 모든 회상은 상호 침투 관계 속에 있다. 그리고 우리는 그 표상을 서로 외부에 있으며 또렷이 구별되는, 특정한 회상에 대응하는 이미지들로 전개한다.[34] 거기에서도 베르그손은 "의식의 평면들"의 계속에 대해 말한다. 하지만 그 운동은 이젠

---

33) MM, 308, 188. "나뉨 없이…."
34) ES, 936~938, 161~163. 이로부터 역학적 도식을 나타내 보여 주기 위한 피라미드의 비유가 나온다. "우리는 피라미드의 꼭짓점에서 바닥 쪽으로 다시 내려갈 것이다…." 여기서 피라미드는 원뿔과는 상당히 다르며, 다르게 방향 잡힌 완전히 다른 운동을 가리킨다는 점은 명백하다. 그렇지만 다른 구절(ES, 886, 95)에서 베르그손은 원뿔의 동의어로서 피라미드를 환기한다. 그 이유는 앞에서, 이 책 73쪽 주30에서 지적된 애매함 속에 있다.

나뉘지 않은 응축의 운동이 아니라 반대로 나눔, 전개, 팽창의 운동이다. 회상은 이미지로 생성될 때만 현행화되었다고 얘기할 수 있다. 실제 이렇게 회상은 현재와의 "융합"에 돌입할 뿐 아니라, 회상-이미지가 지각-이미지를 참조하고 또 그 반대로 되면서 현재와의 일종의 **회로**에 돌입한다.[35] 이로부터 앞의 "회전"이란 비유가 나오는데, 그것은 이 회로 형성을 예비한다.

따라서 현행화의 두 운동인 응축과 팽창이 있다. 우리는 두 운동이 일부 이완되어 있고 일부 응축해 있는 원뿔의 다양한 층위들에 특이하게 대응한다는 것을 잘 알 수 있다. 왜냐하면 꿈꾸는 데 그치는 피조물에 무슨 일이 일어나겠는가? 수면은 휴식 말고 그 어떤 요구도, "무관심" 말고 그 어떤 관심도 없는, 현재 상황과도 같기에, 모든 일은 마치 응축이 결핍된 것처럼, 마치 회상과 현재의 극히 이완된 관계가 과거 자체의 가장 이완된 층위를 재생산하는 것처럼 일어난다. 반대로, 자동 인형이라면 무슨 일이 일어날까? 모든 일은 마치 분산이 불가능한 것처럼, 마치 이미지들의 구별이 더는 시행되지 않아 가장 응축한 과거의 층위만 존속하는 것처럼 일어나리라.[36] 따라서 원뿔의 또렷하게 구별되는 층위들과 각 층위를 위한 현행화 양상들 사이에 밀접한 유비관계가 있다. **후자가 전자를 뒤덮게 되는 건 불가피하다**(이로부터 앞서 지적된 애매함이 나온다). 그렇긴 하지만 우리는 그것들을 뒤섞어선 안 된다. 왜냐하면 첫 번째 주제는 즉자적 회상의 잠재적 변주들에 관련되고, 다른 주제는 우리에 대한 회상, 즉 회상-이미지로 회상이 현행

---

35) MM, 249~250, 114~115.
36) 이 두 극단에 대해서는 MM, 294, 170.

화하는 것에 관련되기 때문이다.

현행화 도중에 있는 회상(이미지로 생성하는 회상)과 지각-이미지의 공통 뼈대는 무엇일까? 공통 뼈대는 운동이다. 또한 현행화의 마지막 계기를 찾아야 하는 건 바로 이미지와 운동의 관계, 이미지가 운동 속으로 연장되는 방식에서다. "회상은 자신을 현행화하기 위해 보조 동력adjuvant moteur이 필요하다."[37] 여기서도 그 보조물은 이중적이다. 때로 지각은 운동 속으로 자연스럽게 연장된다. 운동 경향성, **운동 도식**은 유용성과 관련해 지각된 것을 분해한다.[38] 지각과 운동의 이 관계는 회상(혹은 원한다면, 온통 운동 메커니즘 안에 있는 순간적 기억)의 개입 없이 혼자서도 순수 자동적 재인식을 정의하기에 충분하리라. 그렇지만 회상은 실효적으로 개입한다. 왜냐하면 회상-이미지들이 현행적 지각과 유사한 한, 그것들은 지각에 대응하고 지각에 의해 "채택"되는 운동들 속으로 필연적으로 연장되기 때문이다.[39]

이제 운동과 지각의 분절에 장애가 있다고, 운동 도식의 **메커니즘적 장애**trouble mécanique가 있다고 가정해 보자. 이 경우 (이름 붙여 준 객체를 아주 잘 기술하지만 그걸 "이용하는" 법을 모르거나, 혹은 들은 걸 올바르게 반복하지만 스스로는 말하는 법을 모르는 환자들에서 볼 수 있듯, 비록 어떤 다른 유형의 재인식은 존속하더라도) 재인식이 불가능하게 된다. 환자는 이제 방향을 잡는 법을 알지 못하며, 운동 경향성에 따라 객체를 그려

37) MM, 265, 133. 그리고 245, 108. "회상 실현의 마지막 국면… 즉 작용의 국면."
38) MM, 238~240, 100~102; 243~244, 107; 255~256, 121~122 참조. 무엇보다 **운동 도식**과 **역학적 도식**을 뒤섞어서는 안 된다. 둘 모두가 현행화에 개입하지만, 완전히 다른 국면에서 그러하다. 전자는 순수하게 감각-운동적이고, 후자는 심리적이고 기억적이다.
39) MM, 241, 104.

65

내는, 다시 말해 분해하는 법을 알지 못한다. 환자의 지각은 산만한 운동을 유발할 뿐이다. 그렇지만 회상들이 거기에 있다. 더욱이 회상들은 계속해서 환기되고, 또렷하게 구별되는 이미지들 속에서 계속해서 자신을 구현하며, 다시 말해 현행화의 최초의 계기들을 특징짓는 저 이송과 저 회전을 계속해서 겪는다. 따라서 결핍된 건 마지막 계기, 마지막 **국면**, 즉 작용의 국면이다.[40] 지각과 동시 발생하는 운동들이 해체되어désorganisés 있듯이, 회상-이미지 역시도 순수 회상만큼이나 무용하고 효력 없는 채로 남으며 더는 작용으로 연장될 수 없다. 여기에 첫 번째 중요한 사실이 있다. 심적 혹은 언어적인 시각장애와 청각장애가 있더라도 회상이 잔존하는 사례가 있다.[41]

주의 깊은 재인식의 조건들을 정의하는 두 번째 유형의 운동과 지각의 관계로 넘어가자. 관건은 "유용한 효과를 끌어내기 위해 우리 지각을 연장하는" 운동, 우리 필요에 따라 객체를 분해하는 운동이 아니라, 효과를 포기하는 운동, 세부와 전체성을 회복하기 위해 우리를 객체로 **돌려보내는** 운동이다. 그래서 현재의 지각과 유사한 회상-이미지들은 "우세하면서 지엽적이지는 않은", 규칙적이면서 우발적이지는 않은 역할을 맡는다.[42] 운동의 이 두 번째 유형이 교란된다(감각-운동 기능들fonctions sensori-motrices의, 더 이상 메커니즘적이 아닌, **역학적 장애**trouble

---

40) [옮긴이] 여기서 작용(action)이란 외부로 가하는 행동을 뜻한다.

41) MM, 252~253, 118~119 참조.

42) MM, 244, 107. 따라서 재인식의 두 형식이 있는데, 하나는 자동적 재인식이고 또 하나는 주의 깊은 재인식이다. 거기에 기억의 두 형식이 대응하는데, 하나는 운동적이며 "거의 순간적인" 기억이고, 다른 하나는 표상적이며 지속하는 기억이다. 무엇보다 회상의 현행화의 관점에서 행해지는 이 구별과 즉자적 '기억'의 관점에서 행해지는 완전히 다른 구별(회상-기억과 응축-기억)을 혼동해서는 안 된다.

dynamique)고 가정하자.[43] 자동적 재인식이 남아 있을 수는 있지만, 정말
로 사라진 듯한 것은 회상 자체이다. 이런 사례들은 가장 흔하기에, 뇌
에 저장된 회상의 사라짐이라는 실어증에 대한 전통적 착상에 영감을
불어넣어 주었다. 베르그손의 모든 문제는 다음과 같다. 사라진 것은
정확히 무엇일까?

첫 번째 가설. 그것은 순수 회상일까? 명백히 아닌데, 왜냐하면 순
수 회상은 심리적 본성을 갖고 있지 않고 소멸 불가능하기 때문이다.　67
두 번째 가설. 그것은 회상을 환기할 수 있는 능력, 다시 말해 회상-이
미지 속에서 회상을 현행화할 수 있는 능력일까? 분명 베르그손은 몇
번인가 그렇게 자기 생각을 표현했다.[44] 그렇지만 그건 훨씬 복잡하다.
왜냐하면 현행화의 첫 번째 두 측면(이송과 회전)은 심적 태도에 의존
하고 있지만, 마지막 두 측면(두 유형의 운동)은 감각-운동성과 몸의 태
도들에 의존하고 있기 때문이다. 이 두 차원의 연대와 보완 관계가 어
떻든, 하나가 다른 하나를 완전히 무효로 만들 수는 없다. 자동적 재인
식의 운동들만 얻을 수 있을 때라도(감각-운동성의 메커니즘적 장애), 회
상은 그 심적 현행화를 완전히 유지한다. 회상은 그 "정상적 양상"을
보존하지만, 현행화의 몸 단계가 불가능해졌기 때문에 이제 운동으로
연장될 수 없다. 주의 깊은 재인식의 운동들을 얻을 때(감각-운동성의
역학적 난점), 필경 심적 현행화는 앞의 경우보다 훨씬 더 위태로워진
다. 왜냐하면 여기서 몸의 태도는 실질적으로 정신적 태도의 조건이기

---

43) 두 유형의 장애에 대해서는 세 개의 핵심 구절을 참조. 245, 108; 253, 118; 314, 196(베르그손이
　　메커니즘적 장애와 역학적 장애를 구별한 건 바로 이 마지막 구절에서다).
44) MM, 253, 119("회상들의 환기 그 자체가 방해된다") 참조. 또한 245, 108 참조.

때문이다. 그렇지만 베르그손은 여기서도 그 어떤 회상도 "건성"이 아니라고 주장한다. "평형 상태의 파열"이 있을 따름이다.[45] 아마 현행화의 두 정신적 양상은 유지되지만, 그것이 삽입되고 조합될 수 있는 몸의 태도가 없어서, 분해된 것과도 같다고 이해해야만 한다. 이제 때로 이송 및 응축이 일어난다. 하지만 회전의 보완 운동이 결여되었기에 그 어떤 또렷한 회상-이미지도 없으리라(혹은 적어도 회상-이미지의 모든 범주는 폐기된 것처럼 보이리라). 반대로 때로 회전이 일어나고 또렷한 이미지들이 형성될 테지만, 이미지들은 기억에서 이탈해서 다른 이미지들과의 연대를 포기하리라. 베르그손에 따르면 이 모든 경우에 순수 회상은 언제나 자신을 보존한다고 말하는 것으로는 충분치 않다. 거기에 덧붙여, 병은 회상-이미지와 같은 것을 전혀 폐기하지 않고 그것의 현행화의 특정한 **양상**만 위태롭게 한다고 말해야 한다.

따라서 현행화의 네 양상이 있다. 이송과 회전, 이것들은 오직 심적인 계기들을 형성한다. 역학적 운동, 이것은 앞의 두 규정의 좋은 평형 상태에 필수적인 몸의 태도다. 끝으로 메커니즘적 운동, 즉 운동 도식, 이것은 현행화의 마지막 단계를 표상한다. 이 모든 것에서 관건은 과거를 현재로 적용하기, 현재와 관련해 과거를 이용하기, 즉 베르그손이 "삶을 향한 주의"l'attention à la vie라 부르는 것이다. 첫 번째 계기는 과거가 현재와 만나는 지점을 확보한다. 문자 그대로 과거는 현재와의 접촉 (혹은 응축) 지점을 찾기 위해 현재 쪽으로 옮겨 간다. 두 번째 계기는 과거가 현재로 치환, 번역, 팽창되게 해준다. 회상-이미지들은 과거의 구별들, 적어도 유용한 구별들을 현재로 돌려준다. 세 번째 계기

---

45) MM, 314, 196.

인 몸의 역학적 태도는 앞의 두 계기의 조화를 확보하며, 하나로 다른 하나를 교정하고 그 둘을 끝까지 데려간다. 네 번째 계기인 몸의 메커니즘적 운동은 전반적인 적절한 유용성 및 현재 속 그것의 효율을 확보한다. 하지만 정확히 말해, 만일 앞의 네 계기 모두에 적용되는 조건을 거기에 결합하지 않으면, 이 유용성, 이 효율은 아무것도 아니리라. 앞에서 우리는 순수 회상이 그것**이었던** 현재와 동시간적이라는 것을 보았다. 따라서 회상은 자신을 현행화하는 중에 이 현재와 동시간적인 이미지 자체 속으로 자신을 현행화하는 경향이 있다. 그런데 그런 회상-이미지, 그런 "현재의 회상"은 지각-이미지를 겸하게 될 것이기에 완전히 무용하리라는 건 분명하다. 회상은 회상 고유의 현재(이것과 회상은 동시간적이다)와 관련해서가 아니라 새로운 현재(이것과 관련해서 회상은 지금은 지나갔다)와 관련해서 자신을 구현해야 한다. 이 조건이 실현되는 건 보통 끊임없이 지나가고 끊임없이 앞으로 가고 끊임없이 간격을 파고드는 현재의 본성 자체에 의해서다. 따라서 현행화의 다섯 번째 양상이 있다. 일종의 이전移轉, déplacement이 그것이며, 그것을 통해 과거는 그것이었던 현재와는 다른 현재와 관련해서 자신을 구현한다 (이 마지막 국면에 대응하는 장애가 **기시감**일 텐데, 거기서는 "현재의 회상"과 같은 것이 자신을 현행화하리라).[46]

*　　*　　*

이렇게 존재론적 무의식과 구별되는 심리적 무의식이 정의된다.

---

46) ES, 925~928, 146~150.

전자는 순수하고, 잠재적이고, 아무 겪음이 없고, 작용하지 않고, **즉자적인** 회상에 대응한다. 후자는 자신을 현행화하고 있는 중의 회상의 운동을 표상한다. 그렇게 되면 라이프니츠의 가능성들les possibles[47)]처럼, 회상들은 자신을 구현하려는 경향이 있으며, 받아들여지기 위해 압력을 행사한다. 그리하여 무용하거나 위험한 회상들을 밀쳐 내기 위해서는 현재에서 나온, "삶을 향한 주의"에서 나온 억압 전체가 필요하다.[48)] 또렷하게 구별되는 두 무의식에 대한 이 두 서술 사이에는 그 어떤 모순도 없다. 게다가 『물질과 기억』 전체는, 우리가 분석하도록 남겨진 귀결들과 더불어, 그 두 서술 사이에서 노닐고 있다.

---

47) [옮긴이] 라이프니츠의 '가능성'(le possible) 혹은 '가능세계'는 베르그손이 비판한 '가능' 개념과 구분해서 이해해야 한다. 라이프니츠에 따르면 '신은 무한히 많은 가능세계 중에서 최선의 세계를 창조'했다. 이에 대한 설명은 논의에서 많이 벗어날 수 있으므로 자세한 논의는 생략한다(『주름: 라이프니츠와 바로크』 프랑스어판 p. 87, p. 140 참조). 지금 맥락에서 들뢰즈는 '회상'이 마치 라이프니츠의 '최선의 세계'이기라도 한 것처럼 현행화하려 한다는 점을 진술하고 있다.

48) ES, 896, 107.

4장 지속은 하나일까 여럿일까?
: 지속과 동시성

베르그손의 방법은 두 개의 주요한 양상을 제시했는데, 하나는 이원론이고 다른 하나는 일원론이다. 우선 발산하는 선들 혹은 본성의 차이들을 "경험의 전환점" 너머로 뒤따라가야 했다. 그다음 훨씬 더 너머에 서긴 하지만, 이 선들의 수렴 지점을 재발견하고 새로운 일원론의 권리를 되살려야 했다.[1] 이 프로그램은 『물질과 기억』에서 효과적으로 실현되었다. 우선 우리는 실제로 객체와 주체의 두 선 사이에, 즉 지각과 회상, 물질과 기억, 현재와 과거 사이에 본성의 차이를 뽑아낸다. 그러면 무슨 일이 일어날까? 필경, 회상이 자신을 현행화할 때 회상과 지각의 본성의 차이가 지워지는 경향이 있는 것 같다. 이제 회상-이미지들과 이미지-지각들 사이에는 정도의 차이밖에 없고 또 그것밖에 있을 수 없다.[2] 바로 이런 이유로 직관의 방법이 없으면 잘못 분석된 심

---

1) 이 책 28~32쪽 참조.
2) MM, 225, 83. "시간을 따라 배열된 회상들로부터 공간에서 싹트고 있거나 가능한 작용을 그리는 운동들로 감지할 수 없을 정도로 아주 조금씩 이행한다…." 266, 135. "거기에는 연속적 진행이 있다… 어떤 순간에 관념 혹은 회상-이미지가 끝나고, 회상-이미지 혹은 감각이 시작되

리학적 복합물의 수인으로 남을 수밖에 없고 근원적인 본성의 차이들을 분별할 수 없게 된다.

하지만 이 층위에서 우리는 아직 진정한 통일 지점을 이용하지 못하고 있음이 명백하다. 통일 지점은 경험의 전환점의 **다른 쪽에서** 복합물을 고려해야 하고, 경험 속의 복합물과 혼동되면 안 된다. 그리고 실제로 베르그손은 회상-이미지와 이미지-지각 사이에 정도의 차이들만 있다고 말하는 데 그치지 않는다. 그는 훨씬 더 중요한 존재론적 명제도 제시한다. **비록 과거가 자기 고유의 현재와 공존한다 해도, 그리고 비록 과거가 다양한 응축의 층위들에서 자신과 공존한다 해도, 우리는 현재 자신이 과거의 가장 응축한 층위일 뿐이라는 걸 재인식해야만 한다.** 이번엔, 순수 현재와 순수 과거, 순수 지각과 순수 회상 같은 것들, 순수 물질과 순수 기억은 이완과 응축의 차이들만을 가지며 그렇게 존재론적 단일체를 재발견한다. 따라서 회상-기억의 바닥에서 더 깊은 응축-기억을 발견하면서, 우리는 새로운 **일원론**의 가능성을 정초했다. 우리 지각은 매 순간 "셀 수 없이 많은 재기억된 요소들"을 응축시키며, 우리 현재는 매 순간 우리 과거를 무한히 응축시킨다. "우리가 처음에 분리했던 두 항은 밀접하게 용접되게 된다…"[3] 실제로 감각이란 무엇일까? 그것은 수많은 진동을 수용 표면 위에서 응축시키는 조

작opération이다. 이 감각에서 응축한 양에 다름 아닌 질이 나온다. 그래서 응축(혹은 긴장)의 관념은 우리에게 동종적 양 대 이종적 질이라는

는지 정확하게 말할 수 없다." 270, 140. "이 회상들이 더 완전하고 더 구체적이고 더 의식적인 표상의 형식을 취함에 따라, 회상들은 그것들을 끌어당기거나 그것들이 뼈대를 빌려 오는 지각과 더 뒤섞이는 경향이 있다."

3) MM, 292, 168.

이원성을 극복할 수단과 연속된 운동 안에서 하나에서 다른 하나로 이행할 수단을 제공한다. 하지만 역으로, 우리가 물질로 삽입되는 입구인 우리 현재가 우리 과거의 가장 응축한 정도라는 것이 참이라면, 물질 자체는 무한히 팽창되고 이완된 (너무 이완되어 뒤따르는 계기가 나타날 때 앞선 계기는 사라졌다) 과거와 같으리라. 이완 혹은 연장의 관념은 연장되지 않은 것과 연장된 것의 이원성을 뛰어넘을 것이며, 우리에게 하나에서 다른 하나로 이행할 수단을 제공해 줄 것이다. 왜냐하면, 지각이 응축시킨 것이 바로 연장된 것이고 감각이 응축시킨 것이 바로 이완된 것인 이상, 지각 자체는 연장된 것이고 감각은 연장적인 것이기 때문이다(지각 혹은 감각은 우리가 시간을 이용할 수 있는 것과 "정확히 같은 비율로" 공간을 이용할 수 있게 해준다).[4]

이로부터 『물질과 기억』의 중요성이 나온다. 운동은 사물들 자체에 귀속되기에, 물질적 사물들은 지속에 직접 참여하며 지속의 극한 경우를 형성한다. 『시론』은 극복되었다. 운동은 내 안에 있듯 내 밖에도 있다. 그리고 '자아' 자체를 보면 그건 지속 안에 있는 다른 것들 중 한 경우일 뿐이다.[5] 하지만 이제 모든 종류의 문제들이 정립된다. 우리는 그중 주요한 두 개를 구별해야 한다.

1) 방법의 두 계기 사이에는, 본성의 차이들의 이원론과 응축-이완의 일원론 사이에는, 모순이 있지 않을까? 왜냐하면 우리는 **정도**의 차이들, **강도**의 차이들에 만족하는 철학들을 이원론의 이름으로 고발

---

4) 두 개의 이원론 즉 1) 질과 양, 2) 연장되지 않은 것과 연장된 것의 극복에 대해서는 MM, ch. 1 및 ch. 4 참조.
5) '자아'에 뿐만 아니라 사물들에도 귀속되는 운동에 관해서는 MM, 331, 219; 340, 230 참조.

하기 때문이다. 더욱이 고발된 건 대립이나 부정과 마찬가지로 정도와 강도라는 거짓 관념들이었으며, 이것들은 모든 가짜 문제들의 원천이었다. 이제 베르그손은 무너뜨렸던 모든 걸 되살리고 있는 건 아닐까? 이완과 응축 사이에 정도, 강도를 제외하고 어떤 차이들이 있을 수 있을까? 현재는 단지 과거의 가장 응축한 정도이며, 물질은 현재의 가장 이완된 정도다(**순간적 정신**).[6] 그리고 만일 여기에 있는 너무 "점차적인" 면을 교정하려 한다면, 베르그손이 전에 추상적이고 부적합한 착상이라고 고발했던 모든 대립, 모든 반대를 지속에 재도입함으로써만 그럴 수 있다. 지속의 퇴락으로서의 물질을 피할 수는 있겠지만, 그렇더라도 지속의 "역전"인 물질에 빠지게 되리라.[7] 본성의 차이로서의 '차이'가 **부정**(대립 부정뿐 아니라 퇴락 부정도)과 독립해서 이해될 수 있고 또 이해되어야 한다는 걸 보여 준다는 베르그손의 기획은 어떻게 되는가? 최악의 모순이 시스템의 심장에 자리하고 있는 것 같다. 정도들, 강도, 대립, 이 모든 것이 재도입되고 있다.

---

6) **정도와 강도라는 주제의 재도입**. MM, ch. 4 도처; 355, 250. "원초적 물질과 성찰 능력이 가장 뛰어난 정신 사이에는 기억의 모든 가능한 강도들이 혹은, 같은 것이 되겠지만, 자유의 모든 정도들이 있다." EC, 665, 201. "지속에 대한 우리 느낌은, 나는 우리 자아와 지속 자체의 일치에 대해 말하고 싶은데, 정도들을 인정한다." 그리고 이미 DI, 156, 180에서, "그것은 요소들이 서로 침투하는 구체적 지속에서 계기들이 서로 병치되어 있는 상징적 지속으로 감지할 수 없을 정도로 조금씩 이행하기 때문이며, 그 결과 자유로운 활동에서 의식적인 자동 현상으로 이행하기 때문이다."
[옮긴이] 순간적 정신(mens momentanea)은 라이프니츠한테서 가져온 용어다. 서로의 외부에 있어 서로를 배제하는 부분들(partes extra partes), 기억을 갖고 있지 않은 정신이라는 의미며, 따라서 물질을 지칭한다. 본래 정신(mens, mind)은 어원상 기억을 뜻한다.

7) 제한과 대립으로서의 **부정이라는 주제의 재도입**. EC, 571, 90 이하 참조(물질은 운동의 제한인 동시에 운동의 장애물이며, "그것은 긍정적 현실이기보다 부정이다"). 666, 202("역전", "전도", "중단"… 으로서의 물질). 그렇지만 이 구절들은 베르그손이 모든 부정의 관념을 거부하는 구절들과 이웃하고 있다.

2) 이 문제가 풀렸다 해도, 우리는 재발견한 일원론에 대해 말할 수 있을까? 어떤 의미에서는, 모든 것이 지속인 한에서는, 그렇다. 하지만 또한 지속은 그것을 변용시키는 정도, 강도, 이완과 응축의 이 모든 차이들 속으로 흩어져 버리기에, 우리는 오히려 일종의 양적 다원론에 빠진다. 이로부터, 다음과 같은 물음의 중요성이 나온다. 지속은 하나일까 여럿일까? 어떤 의미에서 그럴까? 실로 우리는 이원론을 극복했을까? 아니면 다원론에 침몰했을까? 우리는 바로 이 물음에서 시작해야 한다.

*　　*　　*

그런데 이 점에 대해 베르그손의 구절들은 대단히 변덕스러운 것 같다. 『물질과 기억』의 구절들은 지속들의 근본적 다원성에 대한 긍정으로 가장 멀리 간다. 우주는 긴장과 에너지의 변이들, 교란들, 변화로 이루어져 있으며, 그 밖의 어떤 것도 아니다. 필경 베르그손은 지속의 **리듬들**의 다원성에 대해 말하고 있다. 하지만 그 맥락에서 그는 다소간 느리거나 빠른 지속들에 관해 각각의 지속은 하나의 절대라는 점과 각각의 리듬 자체는 하나의 지속이라는 점을 분명히 말한다.[8] 1903년의 한 핵심적인 구절에서, 그는 『시론』 이래로 행해진 진전을 주장한다. 심리적 지속, 우리의 지속은 이제 다른 지속 중 한 사례, 무수한 다른 지속 중 한 사례일 뿐이며, "그 규정 자체가 가능한 무수한 지속 중에서

---

8) MM. 변이들과 교란들에 대해 337, 226, 환원될 수 없는 리듬들에 대해 342, 232~233, 차이들의 절대적 성격에 대해 331~332, 219 참조.

의 선택인 것처럼 보이는, 어떤 잘 규정된 긴장"[9]일 뿐이다. 이제『물질과 기억』에 비추어 보면, 심리학은 존재론으로의 열림일 뿐이며, '존재'에 "자리함"을 위한 도약판일 뿐이다. 하지만 자리를 잡자마자, '존재'는 다양하며, 지속은 아주 많고, 우리 자신의 지속은 더 흩어진 지속들과 더 긴장되고 더 강렬한 지속들 사이에 고정되어 있다는 사실을 우리는 자각한다. "그래서 우리는 바라는 만큼 많은 지속을, 서로 아주 다른 지속을 자각한다…" 따라서 과거의 모든 층위, 긴장의 모든 층위의 잠재적 공존이라는 관념은 우주의 집합으로 연장된다. 이 관념은 단지 나와 존재의 관계뿐 아니라 모든 사물과 존재의 관계도 의미한다. 모든 일은 마치 우주가 엄청난 '기억'인 양 일어난다. 그리고 베르그손은 직관이라는 방법의 역량을 기뻐했다. 그 방법만이 우리가 "실재론뿐 아니라 관념론도 극복할 수 있게 해주며, 우리보다 **열등하고 우월한**, 그러면서도 어떤 의미에서는 우리 내부에 있는, 객체들의 실존을 긍정할 수 있게 해주며, 그 객체들을 어려움 없이 어우러져ensemble **공존**할 수 있게 해준다". 잠재적 공존에서 특수한 무수한 지속들로의 이 연장은『창조적 진화』에서 분명해 보인다. 이 저서에서 생 자체는 하나의 기억에 비유되며, 유類와 종種은 이 생명적 기억의 공존하는 정도들에 대응한다.[10] 따라서 일반화된 다원론을 내포하는 것처럼 보이는 존재론적 비전이 있다.

하지만 정확히는,『창조적 진화』에서는 중요한 제한이 잘 지적되

---

9) PM, 1416~1419, 207~209. 아래에 이어지는 두 인용은 같은 구절에서 뽑았는데, 이 구절은 베르그손 철학 전반을 위해 매우 중요하다.
10) EC, 637, 168 참조.

어 있다. 만약 사물들이 지속한다고 얘기된다면, 그 자체로 혹은 절대적으로 그렇기보다는, 인위적으로 구별된 한에서 사물들이 참여하는 우주 '전체'와 관련해서 그렇다. 이처럼 설탕 덩이가 우리를 기다리게 하는 건, 그것이 자의적으로 재단되더라도 집합으로서의 우주로 열리기 때문이다. 이런 식으로, 각각의 사물은 더는 고유한 지속이 없다. 지속이 있는 유일한 것들은 우리를 닮은 존재들(심리적 지속)이며, 그다음 자연히 상대적으로 닫힌 시스템들을 형성하는 생물들이고, 끝으로 우주 '전체'다.[11] 따라서 그것은 이제 일반화된 다원론이 아닌, 제한된 다원론이다.

결국 『지속과 동시성』은 가능한 모든 가설들을 요약한다. 일반화된 다원론, 제한된 다원론, 일원론.[12] 첫 번째 가설에 따르면, 완전히 서로 다른 리듬들의 공존, 진짜로 또렷이 구별되는réellement distinctes 지속들의 공존이 있고, 따라서 '시간'의 근본적 다양성[13]이 있으리라. 베르그손은 한때 이 가설을 개진했지만 그건 우리를 제외한 생물 종들에만 타당하다고 덧붙인다. "우리는 지속들의 다양성이라는 이 가설을 물질적 우주까지 연장할 어떤 근거를 당시에 자각하지 못했고 오늘날까지도 보지 못하고 있다." 이로부터 두 번째 가설이 나온다. 우리 바깥의 물질적 사물들은 절대적으로 서로 다른 지속들에 의해 구별되는 게

---

11) EC, 502, 10. "물잔과 설탕 그리고 물에서 설탕이 녹는 과정이 필경 추상이 아니라면, 그리고 내 감각과 내 지성에 의해 재단된 '전체'가 아마도 의식의 방식으로 진전하는 게 아니라면, 이 게 무슨 말이겠는가?" 생물의 특수한 성격 및 그것과 '전체'의 유사성에 대해서는 507, 15 참조. 하지만 이미 『물질과 기억』은 '전체'를 사물들에 운동과 지속이 귀속되는 조건이라고 내세우고 있다. MM, 329, 216; 332, 220.

12) DS, 57~58.

13) [옮긴이] 원어는 multiplicité인데 여기서는 '다양성'으로 옮겼다.

아니라 우리 지속에 참여해서 우리 지속을 또박또박 드러내 주는 어떤 상대적 방식에 의해 구별된다. 여기서 베르그손은 『시론』의 임시 학설(우리 지속으로 사물들의 신비한 참여, "표현할 수 없는 근거"가 있으리라)과 『창조적 진화』의 더 정교한 학설(우리 지속으로 이렇게 참여하는 건 우주 '전체'로 사물들의 귀속에 의해 설명되리라)을 압축하는 것 같다. 하지만 이 두 번째 경우에도, '전체'의 본성 및 우리와 '전체'의 관계에 관한 신비가 남는다. 이로부터 세 번째 가설이 나온다. 우리 의식, 생물들, 물질 세계 전체를 포함해 모든 것이 참여하는 유일한 시간, 유일한 지속만이 있으리라. 이제, 독자들에게는 놀랍게도, 베르그손은 이 가설을 가장 만족스러운 것으로 제시한다. **하나이고 보편적이고 비인간적인 유일한 '시간'**un seul Temps, un, universel, impersonnel.[14] 요컨대, 시간의 일원론….
더 놀라운 건 없어 보인다. 다른 두 가설 중 하나가 『물질과 기억』 뒤이건 『창조적 진화』 앞이건 베르그손주의의 상태를 더 잘 표현하는 것 같으리라. 더욱이, 베르그손은 『시론』에서부터 지속, 다시 말해 진짜 시간을 "다양체"로 정의했다는 걸 잊었단 말인가?

무슨 일이 일어난 걸까? 분명 상대성이론과의 대결이 있었다. 이 대결은 베르그손에게는 불가피했을 텐데, 왜냐하면 상대성이론은 그나름으로 공간과 시간에 관해 팽창과 응축, 긴장과 이완과 같은 개념들을 내세웠기 때문이다. 하지만 특히 이 대결은 갑작스럽게 발생한

14) DS, 58~59. 베르그손은 이 비인간적 '시간'이 유일한 "리듬"만을 갖는다고 말하는 데까지 간다. 반대로 『물질과 기억』은 리듬들의 다원성과 지속들의 **인간적** 성격을 긍정했다(342, 232 참조. "그것은 모든 것과 모든 사람에게 똑같은 이 비인간적이고 동종적인 지속이 아니다…"). 하지만 모순은 없다. 『지속과 동시성』에서 **흐름들**(flux)의 다양성은 용어법의 정확성을 기하기 위해 리듬들의 다양성을 대체할 것이다. 또 앞으로 보겠지만, 비인간적 '시간'은 결단코 **동종적인** 비인간적 지속이 아니다.

건 아니다. 그것은 '다양체'라는 근본 개념에 의해 준비되어 있었는데, 이 개념은 아인슈타인이 리만한테 받아들였고 베르그손도 나름으로 『시론』에서 이용한 바 있다. 아인슈타인 이론의 주요 특징을 베르그손이 요약하는 식으로 간략히 기억해 두자. 물체를 응축시키고 물체의 시간을 이완시키게 하는 운동이라는 아이디어에서 모든 것이 시작한다. 이로부터 동시성의 와해라는 결론이 나오는데, 한 고정된 시스템에서 동시적인 것은 움직이는 시스템에 대해 동시적이기를 그친다는 것이다. 더욱이, 정지와 운동의 상대성 덕에, 가속 운동 자체의 상대성 덕에, 연장된 것의 이런 응축과 시간의 이런 이완과 동시성의 이런 파열은 절대적으로 상호적이 된다. 이런 의미에서, 서로 다른 흐름 속도를 가지며, 모두 실재하고, 각각 기준계에 고유한, 시간의 다양체, 시간들의 다원성이 있으리라. 그리고 한 점의 위치를 정하기 위하여 공간뿐 아니라 시간에서의 위치도 표시해야만 하게 되듯, 시간의 유일한 통일성seule unité은 공간의 제4차원이 있다는 데 있다. 바로 이 '시공간' 블록이 무한한 방식으로, 각각 하나의 시스템에 고유하게, 현행적으로 공간과 시간 속에서 자신을 나눈다.

이 논의는 무엇에 관한 걸까? 응축, 이완, 운동의 상대성, 다양체 등 이 모든 관념은 베르그손에게 친숙하다. 그는 자기 나름으로 그것들을 채용한다. 지속, 다시 말해 시간은 본질적으로 다양체라는 관념을 베르그손은 절대 포기하지 않으리라. 하지만 문제는 어떤 유형의 다양체일까. 베르그손이 두 유형의 다양체, 즉 현행적이고 수적이고 불연속적인 다양체와 잠재적이고 연속적이고 질적인 다양체를 대립시켰다는 점을 떠올려 보자. 베르그손의 용어법에서 아인슈타인의 '시간'은 앞의 범주에 속한다는 건 분명하다. 베르그손이 아인슈타인에게 비

80

난하는 건, 두 유형의 다양체를 혼동했다는 점, 그 결과 시간과 공간의 혼동을 재생시켰다는 점이다. 논의는 표면적으로만 시간은 하나일까 여럿일까에 관련된다. 진정한 문제는 "시간에 고유한 다양체는 무엇일까?"다. 이 점은 베르그손이 보편적이고 비인간적인 유일한 '시간'의 실존을 지지하는 방식에서 잘 엿보인다.

"우리가 강둑에 앉아 있을 때, 물의 흐름, 배의 미끄러짐 혹은 새의 비상, 우리 깊은 생의 끊임없는 속삭임은 우리에게 세 가지 다른 것이거나 유일한 것이거나, 우리 마음먹는 대로다…"[15] 베르그손은 여기서 주의에 "자신을 나누지 않으며 자신을 분할할 수 있는" 힘을, "하나이며 여럿일 수 있는" 힘을 부여한다. 하지만 더 깊게 보면, 베르그손은 지속에 자신을 병합할 수 있는 능력을 부여한다. 물의 흐름, 새의 비상, 내 생의 속삭임은 세 개의 흐름을 형성한다. 하지만 단지 그건 나의 지속이 다른 지속 중 하나고, 또 나의 지속이 다른 두 지속을 포함하는 요소이기 때문이다. 왜 두 흐름에, 가령 나의 지속과 새의 비상에 만족하지 않을까? 그것은 만약 두 흐름이 같은 제3의 흐름에 포함되어 있지 않다면 그 두 흐름은 공존한다거나 동시적이라고 얘기될 수 없을 것이기 때문이다. 새의 비상과 나 자신의 지속이 동시적인 건, 나 자신의 지속이 새의 비상을 포함하는 동시에 나 자신의 지속이 이분되고 나 자신의 지속을 포함하는 또 하나의 지속에서 성찰되는 한에서다. 따라서 흐름의 근본적 삼중성이 있다.[16] 바로 이런 의미에서, 나의 지속은 본

---

15) DS, 67.

16) DS, 59. "우리는 우리 의식을 이중화하거나 배가하는 도중에 불과하다…" 지속의 이 성찰적 측면은 의식을 특히 **코기토**에 근접시킨다. 삼중성에 대해서는 70 참조. 실제로 연속성의 세 가지 본질적 형식, 즉 우리 내부 삶의 형식, 자발적 운동의 형식, 공간에서의 운동의 형식이 있다.

질적으로 다른 지속들을 드러내고, 그것들을 병합하고, 자신을 무한히 병합할 수 있는 능력이 있다. 하지만 이 무한한 성찰과 주의가 지속의 진짜 성격들을 지속에 되돌려주고 있다는 점은 끊임없이 잊지 말아야 한다. 지속은 단순히 나뉠 수 없는 것이 아니라 나눔의 아주 특별한 스타일을 갖고 있다. 지속은 단순한 계속이 아니라 매우 특별한 공존, 흐름의 동시성이다. "동시성에 대한 우리의 첫 번째 관념은 이렇다. 이제 우리는 같은 지속을 차지하는 두 개의 외부 흐름들을 동시적이라 부를 텐데, 그것은 흐름들이 같은 제3의 지속, 즉 우리 지속에 서로를 담고 있기 때문이다… 흐름들의 (바로 이) 동시성이 우리를 내적 지속으로, 실재하는 지속으로 다시 데려간다."[17]

베르그손이 잠재적 혹은 연속적 다양체라고 지속을 정의하게 해 준 성격들로 돌아가자. 한편으로 지속은 본성에 있어 차이 나는 요소들로 자신을 나누며, 다른 한편 이 요소들 혹은 이 부분들은 나눔이 실효적으로 행해지는 한에서만 현행적으로 실존한다(만약 우리 의식이 "어디선가 나눔을 멈춘다면, 가분성도 거기서 멈춘다"[18]). 우리가 나눔이 행해지지 않은 계기, 즉 잠재에 자리 잡으면, 유일한 시간만 있다는 점은 명백하다. 그러고서 나눔이 행해진 계기에 자리 잡자. 가령 두 흐름, 아킬레우스의 달리기의 흐름과 거북의 달리기의 흐름. 우리는 두 흐름이 (그리고 만일 우리가 나눔을 더더욱 멀리까지 밀고 가면, 아킬레우스의 발걸음 각각과 거북의 발걸음 각각이) 본성에 있어 차이 난다고 말한다. 나눔이 현행적으로 행해진다는 조건에 종속된다는 건, 부분들(흐름들)이 살

82

---

17) DS, 68 및 81.
18) MM, 341, 232.

아 내야만 하거나 혹은 적어도 그럴 수 있다고 정립되거나 생각되어야한다는 뜻이다. 이제 베르그손의 모든 논제는 **흐름들이 유일한 시간의 관점에서만 살아 낼 수 있거나 살아 냈을 수 있다는 걸 증명하는 데 있다.** 증명의 원리는 다음과 같다. 우리가 여러 시간의 실존을 인정할 때, 우리는 흐름 A와 흐름 B 혹은 차라리 A의 주체가 B에 대해 갖는 이미지(거북의 달리기를 거북이 살아 낼 수 있다고 착상하거나 상상하는 아킬레우스)를 고려하는 데 그치지 않는다. 두 개의 시간의 실존을 설정하기 위해 우리는 어쩔 수 없이 낯선 요인을, 즉 B가 그렇게 살아 낼 수 없다는 걸 알면서도 A가 B에 대해 갖는 이미지를 도입한다. 그건 전적으로 "상징적인" 요인, 즉 살아 낸 것에 대립하고 살아 낸 것을 **배제하는** 요인이다. 단지 이 요인에 의해서만 이른바 제2의 시간은 자신을 실현한다. 이로부터 베르그손은, 잠재적 '전체'뿐 아니라 현행적 부분들의 층위에서도, 하나의 '시간' 그리고 유일한 '시간'이 실존한다고 결론 내린다. (하지만 이 모호한 증명은 무엇을 뜻할까? 우리는 조금 뒤에 볼 것이다.)

83

그리고 우리가 다른 방향으로 나눔을 취하면, 우리가 거슬러 올라가면, 매번 우리는 흐름들이 **본성의 차이를 가진 채, 응축과 이완의 차이를 가진 채,** 흐름들의 조건이라 할 수 있는 유일한 '시간' 속에서 소통하는 것을 보게 된다. "같은 지속이 자기 길을 따라 물질세계 전체의 사건들을 그러모을 것이다. 그리하여 우리는 우리 사고의 운동을 위해 처음에 중계기로서 군데군데 배치했던 인간 의식을 제거할 수 있을 것이다. 이제는 모든 사물이 자신을 펼치는 비인간적 시간만 있으리라."[19] 이로부터 흐름들의 삼중성이 나오는데, 여기서 우리 지속(관람

---

19) DS, 59.

자의 지속)은 흐름으로서 그리고 모든 흐름이 잠겨 버리는 '시간'의 대표로서 필수적이다. 바로 이런 의미에서 베르그손의 다양한 텍스트는 완전히 화해하며 어떤 모순도 없다. 비록 같은 잠재적 전체에 필연적으로 참여하는(제한된 다원론), 무수한 현행적 흐름이 있을지라도(일반화된 다원론), 유일한 시간만이 있다(일원론). 베르그손은 현행적 흐름들 간의 본성의 차이라는 관념을 전혀 포기하지 않는다. 게다가 흐름들을 병합하고 흐름들 속에서 자신을 현행화하는 잠재성 속 이완 혹은 응축의 차이라는 관념도 포기하지 않는다. 하지만 그는 이 두 개의 확실함이 단일한 시간을 배제하지 않고 반대로 그것을 내포한다고 평가한다. 요컨대, 잠재적 다양체들은 유일한 시간을 내포할 뿐 아니라, 잠재적 다양체로서의 지속도 이 유일무이한 '시간'이다.

시간의 다원성의 모순적 성격에 대한 베르그손의 증명이 모호해 보인다는 점은 남아 있다. 이 점을 상대성이론의 층위에서 정확히 말해 보자. 역설적으로, 이 점을 명료하고 납득할 만하게 해주는 유일한 건 바로 상대성이론이기 때문이다. 실제로, 질적으로 또렷하게 구별되는 흐름들이 관건인 한, 두 주체가 같은 시간을 살아 내고 지각하는지를 알기란 아마 어려울 수 있다. 사람들은 단일성을 지지하지만, 가장 "그럴듯한" 관념으로서 그럴 뿐이다. 반면 상대성이론은 다음 가설에 자리 잡고 있다. 질적 흐름들이 아니라 "상호적이고 한결같은 이전移轉 상태에 있는" 시스템들이 있으며, 거기에 특권적 시스템은 없기에 관찰자들은 교환될 수 있다.[20] 이 가설을 받아들이자. 두 시스템 S와 S'의

---

20) 일종의 결정적 실험의 조건들을 정의하고 있는, 상대성이론의 가설에 대해서는 DS, 97, 114, 164 참조.

시간은 같지 않다고 아인슈타인은 말한다. 하지만 어떤 것이 이 **다른** 시간일까? S에 있는 피에르의 시간도, S′에 있는 폴의 시간도 아니다. 왜냐하면 가설상 이 두 시간은 양적으로만 차이 나며, S와 S′ 각각을 기준계로 여길 때 이 차이는 폐기되기 때문이다. 최소한 이 다른 시간이 피에르가 폴에 의해 살아 내거나 살아 냈을 수 있다고 착상하는 시간이라고 말할 수 있을까? 전혀 아니다. **그리고 여기에 베르그손 논변의 본질적인 면이 있다.** "분명 피에르는 이 '시간'에 폴의 이름으로 꼬리표를 붙인다. 하지만 만일 그가 폴이 의식적이고, 자기 고유의 지속을 살며, 그것을 측정한다고 스스로 표상한다면, 바로 이 점에 의해 그는 폴이 자기 고유의 시스템을 기준계로 삼으며 그리하여 각 시스템 내부의 이 유일한 '시간'에 자리 잡는 걸 보게 될 텐데, 이는 우리가 얘기해 왔던 바다. 게다가 같은 이유로 피에르는 임시로 자신의 기준계를 단념할 것이고, 결과적으로 물리학자로서의 자신의 실존과 또 결과적으로 자신의 의식을 단념하게 되리라. 이제 피에르는 자신을 폴의 시선으로 볼 뿐이다."[21] 요컨대 그 **다른** 시간은 필경 피에르도 폴도 살아 낼 수

[옮긴이] 결정적 실험(expérience cruciale)이란 어떤 가설이나 이론이 과학 공동체에서 현재 널리 받아들여지는 다른 모든 가설이나 이론보다 뛰어난지 아닌지를 결정적으로 규정할 수 있는 실험을 뜻한다.

21) DS, 99. 종종 베르그손의 추론이 아인슈타인에 대한 오해를 내포한다고 얘기되었다. 그러나 베르그손의 추론 자체에 대해 사람들은 종종 오해를 범해 오기도 했다. 베르그손은 "나의 시간과 다른 시간은 나에 의해서도 타자에 의해서도 살아 낸 것이 아니고, 내가 타자에 대해 (그리고 상호적으로) 만든 이미지를 내포한다"라고 말하는 데 **그치지 않았다. 왜냐하면 그런 이미지는 베르그손 나름으로도 끊임없이 재인식하게 될 지속들 간의 다양한 긴장들과 관계들을 표현한다면서 베르그손은 그것의 적법성을 완전히 인정하니 말이다.** 그는 상대성이론에 대해 완전히 다른 걸 비판한다. 내가 타자에 대해 만든 이미지 혹은 피에르가 폴에 대해 만든 이미지는 (피에르에 의해, 폴에 의해, **혹은 폴을 상상하는 피에르에 의해**) 모순 없이 살아 낼 수 없거나 살아 낼 수 있다고 생각될 수 없는 이미지다. 베르그손의 용어로는, 그것은 이미지가 아니라 "상징"이다. 이 점을 망각한다면, 베르그손의 추론 전체는 의미를 상실한다. 이로부터 베르그손이 『지속과 동시성』

없고, 피에르가 상상하는 폴도 살아 낼 수 없는 다른 것이다. 그건 살아 낸 것을 배제하는 순수 상징으로, 다른 시스템이 아닌 그 시스템이 기준을 위해 채택되었다는 점을 가리킬 뿐이다. "피에르는 이제 폴 안에서 물리학자를 보지 못하며, 의식적 존재도, 심지어 존재조차 보지 못한다. 그는 의식적이며 살고 있는 자기 내부에서 폴의 시각적 이미지를 비워 내며, 인물에서 외부 덮개만을 붙잡는다."

이처럼 상대성이론의 가설에서는, 살아 낼 수 있고 살아 내는 유일한 시간만 있을 수 있다는 점이 분명해진다. (이 증명은 상대성이론의 가설을 넘어선 것인데, 왜냐하면 질적 차이들 쪽에서는 수적 구별들을 구성할 수 없기 때문이다.) 바로 이런 이유로 베르그손은 상대성이론이 사실상 시간의 다원성에 관해 긍정하는 것과 반대되는 것을 증명한다고 주장한다.[22] 베르그손의 다른 모든 비난은 여기에서 파생되었다. 왜냐하면, 아인슈타인이 동시성이란 시스템에 따라 가변적이라고 선언할 때, 그는 어떤 동시성을 생각한 걸까? 떨어져 있는 두 시계의 눈금에 의해 정의되는 동시성이다. 그리고 이 동시성이 가변적 혹은 상대적이라는 건 맞다. 하지만 정확한 이유는, 그것의 상대성이 살아 내거나 살아 낼 수 있는 어떤 것이 아니라 방금 말했던 상징적 요인을 표현하기 때문이다.[23] 이런 의미에서, 이 동시성은 순간 속에서 결합한 두 개의 다른 동시성을 가정하며, 그것들은 가변적이 아니라 절대적이다. 하나는 외부 운동들에서 채취된 두 순간 사이의 동시성(근접 현상과 시계의 계기)

의 끝, p. 234에서, 떠올리려 했던 이런 배려가 나온다. "하지만 이 물리학자들은 실재하거나 실재할 수 있다고 상상되지는 않는다…."

22) DS, 112~116.

23) DS, 120~121.

이고, 다른 하나는 이 순간들과 외부 운동들에 의해 우리 지속에서 채취된 순간들의 동시성이다. 그리고 이 두 동시성은 그 자체로 다른 동시성 즉 흐름들의 동시성을 가정하는데, 이것은 훨씬 덜 가변적이다.[24] 따라서 베르그손의 **동시성**이론은 유일한 시간 속 모든 정도들의 잠재적 **공존**으로 지속을 착상하는 것을 확인하게 된다.

요컨대, 『지속과 동시성』에서 처음부터 끝까지 아인슈타인에 대해 베르그손이 비판하는 점은 잠재와 현행의 혼동이다(상징적 요인, 즉 허구의 도입은 이 혼동을 표현한다). 이로써 다양체의 두 유형인 잠재적 다양체와 현행적 다양체를 혼동했다는 것이다. "지속은 하나일까 여럿일까?"라는 물음의 바닥에는 아주 다른 문제가 있다. 지속은 다양체다, **하지만 어떤 유형의 다양체일까?** 베르그손에 따르면 단일한 '시간'이란 가설만이 잠재적 다양체의 본성을 고려한다. 아인슈타인은 다양체의 두 유형인 현행적이고 공간적인 다양체와 잠재적이고 시간적인 다양체를 혼동함으로써 시간을 공간화하는 새로운 방식을 발명했을 뿐이다. 우리는 그의 시공간의 독창성과 그것이 과학을 위해 제시한 엄청난 쟁취를 부정할 수 없다(공간화가 그렇게 멀리까지 간 적도, 이런 식으로 간 적도 없으리라).[25] 하지만 이 쟁취는 복합물들을 표현하기 위한 상징의 쟁취지, 프루스트가 말한 "순수 상태의 약간의 시간"을 표현할 수 있는 살아 낸 것의 쟁취가 아니다. '존재' 혹은 '시간'은 **다양체**다. 하지

---

24) 따라서 베르그손은 더 깊어지는 순서로 **동시성**의 네 유형을 구별한다. a) 상대성이론의 동시성, 떨어져 있는 시계 사이에서(DS, 71 및 116 이하). b) 순간 속 두 동시성, 사건과 그 근처의 시계 사이, 또한 이 계기와 우리 지속의 계기 사이에서(70~75). c) 흐름들의 동시성(67~68 및 81). 메를로퐁티는 베르그손을 따라 동시성이라는 주제가 어떻게 "공존"의 진정한 철학을 확립하게 되었는지를 잘 보여 준다(『철학의 찬사』*Éloge de la philosophie*, p. 24 이하 참조).

25) DS, 199 및 233 이하.

만 정확히 말해 그것은 "여럿"이 아니라, **그것의** 다양체의 유형에 비추어 볼 때 '하나'다.

*   *   *

베르그손이 시간의 단일함을 옹호할 때, 그는 이완과 응축의 다양한 정도들의 잠재적 공존에 관해, 현행적 흐름들 혹은 리듬들 사이의 본성의 차이에 관해 전에 말했던 것 중 아무것도 포기하지 않는다. 그리고 공간과 시간은 서로 "물어뜯지도" 서로 "얽히지도" 않는다고 말할 때, 또 그것들의 구별만이 실질적$_{réele}$이라고 주장할 때,[26] 베르그손은 『물질과 기억』의 야심 중 아무것도 포기하지 않는데, 그 책은 공간의 무언가를 지속에 통합하려 했고 지속에서 연장의 충분 근거를 찾으려 했었다. 베르그손이 초기부터 고발한 건 공간과 시간을 **조합**해서 잘못 분석된 복합물로 만드는 일이었으며, 그렇게 하면 거기서 공간은 이미 만들어진 것으로 여겨지고 그러자마자 시간은 공간의 제4차원으로 여겨진다.[27] 그리고 분명 시간의 이런 공간화는 과학과 뗄 수 없다. 하지만 상대성이론의 고유함은 이 공간화를 밀어붙였다는 점, 복합물을 완전히 새로운 방식으로 용접했다는 점이다. 왜냐하면, 상대성이론 전의 과학에서 공간의 제4차원에 동화된 시간은 여전히 독립적이며 실질적으로 구별되는 변수였지만, 상대성이론에서는 거리의 불변성을 표현하기 위하여 시간이 공간으로 동화되는 것이 필수였고, 그래서 동

88

---

26) DS, 199 및 225 참조("시간을 삼키는 공간"과 "이번엔, 공간을 흡수하는 시간"에 대한 비난).

27) 이미 만들어진 채로 주어진 공간이라는 관념에 반대해서, EC, 669, 206 참조.

화는 미적분에 명시적으로 도입되었으며 실질적 구별을 더는 남겨 두지 않았다. 요컨대 상대성이론은 특별하게 묶인 혼합물을 형성하였지만, 이 혼합물은 "복합물" 일반에 대한 베르그손의 비판을 피해 갈 수 없었다.

반면 완전히 다른 원리에 의존하는 조합들을 베르그손의 관점에서 착상해 볼 수 있고 또 착상해야 한다. 함께 공존하는 이완과 응축의 정도들을 고려해 보자. 이완의 극한에서 우리는 물질을 갖는다.[28] 그리고 분명 물질은 아직 공간이 아니지만 이미 연장되어 있다. 무한히 느슨해지고 긴장 풀린 지속은 그것의 계기들을 서로의 외부에 둔다. 하나가 나타날 때 다른 하나는 사라졌어야 한다. 이 계기들이 상호 침투 속에서 잃는 것은 각각의 펼침 속에서 얻는다. 긴장 속에서 잃는 것은 연장 속에서 얻는다. 그래서 각각의 계기마다 모든 것은 순간적이며 무한히 나눌 수 있는 **연속체** 속으로 펼쳐지는 경향이 있는데, 이 **연속체**는 다른 순간으로 자신을 연장하지 않지만, 다음 순간 부활하기 위해 항상 재개되는 점멸 혹은 전율 속에서 죽으리라.[29] 공간을 얻기 위해서는 이 이완 운동을 끝까지 밀고 가면 충분하리라(하지만 정확히 말해 공간은 미분의 선의 끝에서 **더는** 지속과 자신을 조합하지 **않는** 극단적 항으로서 발견되리라). 실제로 공간은 물질 혹은 연장이 아니라 물질의 "도식", 말

---

28) 이런 의미에서, 물질과 꿈은 자연적 친화성이 있으며, 둘 다 우리 안과 밖에 있는 이완 상태를 표상한다. EC, 665~667, 202~203.

29) EC, 666~667, 203~204; MM, ch. 4 도처.
[옮긴이] 『안티 오이디푸스』의 다음 구절과 비교하면 좋다. "'생산하기', '생산물', '생산물과 생산하기의 동일성'…. 바로 이 동일성이 선형 계열 속에서 제3항을, 즉 미분화(未分化)된 거대한 대상을 형성한다. 모든 것이 한순간 정지하고, 모든 것이 응고된다(그다음에 모든 것이 재개된다)." (프랑스어판 p. 13, 한국어판 32쪽)

하자면 이완 운동이 모든 가능한 연장들의 외부 덮개로서 끝나는 항의 표상이다. 이런 의미에서, 공간 안에 있는 것은 물질도 연장된 것도 아니다. 오히려 그 반대다.[30] 그리고 만일 물질이 자신을 이완하거나 연장하는 수천 가지 방식이 있다는 걸 고려하면, 또렷이 구별되며, 모두 비슷하지만, 그래도 질이 있는, 그리고 우리의 공간 도식에서 뒤섞임으로써 끝날, 온갖 종류의 연장된 것들이 있다고 말해야 한다.

실제로 본질적인 건 이완과 응축이 얼마나 상대적인지, 그리고 서로 얼마나 상대적인지 아는 일이다. 만약 응축한 것이 아니면 무엇이 이완될까? 그리고 만약 연장된 것, 이완된 것이 아니면 무엇이 응축할까? **바로 이런 이유로 우리 지속에는 항상 연장된 것이 있고 물질에는 항상 지속이 있다.** 우리가 지각할 때, 우리는 요소를 이루는 수백만의 진동들 혹은 떨림들을 느껴진 질 속으로 응축한다. 하지만 우리가 이렇게 응축하는 것, 우리가 이렇게 "긴장시키는" 것은 물질이요 연장이다. 이런 의미에서, 공간 감각이 있는지, 어떤 것이 그것이고 어떤 것이 아닌지를 물어볼 필요는 없다. 비록 다양한 정도와 서로 다른 양식으로, 우리의 모든 감각이 다루는 응축의 종류에 따라서이긴 하지만, 우리의 모든 감각은 연장적이며, "부피"가 있고, 연장되어 있다. 그리고 질들은 우리 자신에 속하는 만큼이나 물질에도 속한다. 질들을 내적으로 또박또박 드러내 주는 진동들과 수들 덕에, 질들은 물질에 속하고 물질 안에 있다. 따라서 연장된 것들도 질이 있으며, 연장된 것들 안에서 자신을 이완하는 응축들과 뗄 수 없다. 물질은 충분히 이완되어 있

---

30) 도식(schème ou schéma)으로서의 공간에 대해, MM, 341, 232; 344~345, 235~236; EC, 667, 203 참조.

지 않아서 순수 공간일 수 없으며, 물질을 지속에 참여시키고 물질을 지속의 일부이게 하는 이 최소한의 응축을 갖지 않을 수 없다.

역으로 지속은 충분히 응축해 있지 않아서, 그것이 다루는 내부 물질 및 그것이 긴장시킬 연장과 독립해 있을 수 없다. 뒤집힌 원뿔의 이미지로 돌아가자. 꼭짓점(우리의 현재)은 우리 지속의 가장 응축한 점을 표상한다. 하지만 그것은 또한 가장 덜 응축한 점으로, 말하자면 무한히 이완된 물질로 우리가 삽입되는 걸 표상한다. 베르그손에 따르면, 이런 이유로 지능은 두 가지 상관적 양상이 있어서, 그것에 본질적인 모호성을 형성한다. 지능은 물질에 대한 인식이며, 물질에 대한 우리의 적응을 표시하고, 물질을 본뜬다. 하지만 지능은 정신 혹은 지속 때문에, 지능이 물질을 지배할 수 있게 해주는 긴장 지점에서 물질에 자신을 삽입하기 때문에 그렇게 할 뿐이다. 따라서 지능 안에서 형식과 의미를 구별해야 한다. 지능은 물질 안에 자신의 형식을 갖고 있고, 물질과 함께, 말하자면 가장 이완된 것 속에서 자신의 형식을 발견한다. 하지만 지능은 가장 응축한 것 속에서 자신의 의미를 갖고 또 발견하며, 그것을 통해 물질을 지배하고 이용한다. 따라서 지능의 형식은 지능을 지능의 의미와 분리하지만, 이 의미는 언제나 지능 안에 현존하며 직관을 통해 재발견되어야 한다고 말할 수 있으리라. 결국 이런 이유로 베르그손은 단순한 발생을 전부 거부한다. 그것은 이미 가정된 물질 질서에서 출발해서 지능을 설명하거나, 가정된 지능 범주들에서 출발해서 물질 현상들을 고려하니 말이다. 아마 물질과 지능의 동시 발생만이 있을 수 있다. 한 걸음은 물질로, 한 걸음은 지능으로. 물질이 지속 안으로 자신을 이완시키는 것과 동시에 지능은 물질 안으로 자신을 응축시킨다. 둘 모두는 연장된 것 안에서 그것들에 공통되는 형식, 그것들의 평형 상태를 발견한다. 비록 지능 쪽에서 물질과 연장이 그 자체만으로는 결코 얻을 수 없었을 이완의 정도로 이 형식을 밀고 가서, 순수 공간의 형식에 이르겠지만 말이다.[31]

---

31) EC, ch. 3 참조.

5장 분화의 운동으로서 생의 약동
: 생명, 지능, 사회

이제 우리 문제는 다음과 같다. 이원론에서 일원론으로 이행하면서, 본 92
성의 차이들이라는 관념에서 이완과 응축의 층위들이라는 관념으로
이행하면서, 베르그손은 그가 전에 고발했던 모든 것을, 『시론』에서 그
토록 비판한 정도 혹은 강도의 차이들을, 자신의 철학에 재도입하는
것은 아닐까?[1] 베르그손은 과거와 현재는 본성에 있어 차이 난다고,
그리고 현재는 과거의 가장 응축한 층위 혹은 정도일 뿐이라고 차례로
말한다. 이 두 명제는 어떻게 화해할 수 있을까? 문제는 이제 일원론이
아니다. 우리는 이완과 응축의 공존하는 정도들이 어떻게 단일한 시간
을 실효적으로 내포하는지 보았는데, 거기서 "흐름들" 자체는 동시적
이다. 문제는, 본성의 차이들의 이원론과 이완의 정도들의 일원론 사이 93
의 조화, 방법의 두 계기 혹은 경험의 전환점 "너머"의 두 계기 사이의
조화다. 일단 이원론의 계기가 전혀 억눌려 있지 않고 의미를 완전히
간직하고 있다고 얘기한 이상은 말이다.

---

1) 이 책 85~86쪽 참조.

『시론』에 나타난 것과 같은 강도 비판은 꽤 애매하다. 그 비판은 강도량quantité intensive이라는 관념 자체에 반대하는 걸까, 아니면 심적 상태들의 강도라는 관념에만 반대하는 걸까? 왜냐하면, 강도가 순수 경험에서 주어지지 않는다는 것이 맞다면, 우리의 경험을 만드는 모든 질들은 강도가 **제공하는** 것 아닐까? 우리가 우리 바깥에서 살아 내는 질들 속에서, 그리고 물질에 속하는 질들 속에서, 『물질과 기억』은 이렇게 강도들, 정도들 혹은 진동들을 재인식한다. 질들 속에 싸여 있는 수들이, 지속 속에 포함된 강도들이 있다. 여기서도 베르그손에게 모순이 있다고 말해야 할까? 아니면 오히려, 때로는 하나를 때로는 다른 하나를 강조하지만, 모든 계기가 깊이의 차원에서 공존하고 있으니, 방법의 서로 다른 계기들에 대해 말해야 할까?

1) 베르그손은 정도 혹은 강도의 차이들에 기초한 모든 세계관을 비판하며 시작한다. 그런 시각으로는 실제로 본질적인 것, 말하자면 실재의 마디들 혹은 질적 차이들, 본성의 차이들을 잃어버린다. 공간과 지속, 물질과 기억, 현재와 과거 등 사이에는 본성의 차이가 있다. 경험에 주어진 복합물들을 분해해서 "전환점" 너머로 가야만 우리는 이 차이를 발견한다. 우리는 두 현행적 경향성 사이에서, 각각의 복합물이 갈라지는 순수 상태의 두 현행적 방향들 사이에서 본성의 차이들을 발견한다. 이것이 순수 이원론 혹은 복합물들의 나눔의 계기다.

2) 하지만 이미 우리는 본성의 차이가 두 경향성, 두 방향, 공간과 지속… **사이에** 있다고 말하는 것으로 충분치 않다는 것을 보았다. 왜냐하면, 두 방향 중 하나가 모든 본성의 차이들을 떠맡고, 모든 정도의 차이들은 다른 방향, 다른 경향성에 빠져들기 때문이다. 모든 질적 차이들을 포함하는 것은 지속으로, 이 지점에서 지속은 자신과 관련해서

변질로 정의된다. 정도의 차이들만 제시하는 것은 공간으로, 이 지점에서 공간은 무한정한 가분성의 도식처럼 보인다. 마찬가지로 '기억'은 본질적으로 차이고, 물질은 본질적으로 반복이다. 따라서, 이젠 두 경향성 사이의 본성의 차이란 없으며, 한 경향성에 대응하는 본성의 차이들과 다른 경향성으로 보내지는 정도의 차이들 **사이의** 차이가 있다. 이것이 중화된, 보정된 이원론의 계기다.

3) 지속, 기억 혹은 정신은 즉자적 및 대자적으로 본성의 차이다. 그리고 공간 혹은 물질은 자신 바깥에서 그리고 우리에 대해 정도의 차이다. 따라서 둘 사이에 모든 **차이의 정도들**이 혹은, 원한다면, 모든 **차이의 본성**이 있다. 지속은 물질의 가장 응축한 정도일 뿐이며, 물질은 지속의 가장 이완된 정도다. 하지만 지속은 능산적 자연nature naturante 과 같고 물질은 소산적 자연nature naturée과 같다. 정도의 차이들은 '차이'의 가장 낮은 정도다. 본성의 차이들은 '차이'의 가장 높은 본성이다. 이제 본성과 정도들 사이에는 어떤 이원론도 없다. 모든 정도들은 같은 '자연' 속에 공존하며, '자연'은 한편으로 본성의 차이들 쪽에서 다른 한편 정도의 차이들 쪽에서 자신을 표현한다. 이것이 일원론의 계기다. 모든 정도들은 유일한 '시간' 속에서 공존하며, 이 '시간'이 본성 그 자체다.[2] 방법의 계기들과 마찬가지로, 이 일원론과 이원론 사이에

95

---

2) 이 존재론적 "자연주의"는 『도덕과 종교의 두 원천』에서 분명하게 나타난다. 능산적 자연과 소산적 자연에 대해서는 MR, 1024, 56 참조. 외견상 낯선 "자연의 평면"(plan de la nature)이라는 관념이 등장하는 게 바로 거기다(1022, 54). 베르그손의 어떤 표현들("자연이 바란", 1029, 63)에도 불구하고, 이 관념을 너무 궁극목적론적 의미로 해석해서는 안 된다. 여러 **평면**이 있으며, 우리가 앞으로 보겠지만, 그 각각은 다들 지속 안에 공존하는 응축의 정도들 혹은 층위들 중 하나에 대응한다. "plan"이란 말은 [영어의 plan보다는 plane을, 즉] 기획이나 목적보다 윈뿔의 단면들, 절단면들을 가리킨다[이 책 69쪽 주23 참조].

는 모순이 없다. 왜냐하면 이원성은 현행적 경향성들 사이에서, 경험의
첫 번째 전환점 너머까지 가는 현행적 방향들 사이에서 타당하기 때문
이다. 하지만 단일성은 두 번째 전환점에서 만들어진다. 모든 정도들,
모든 층위들의 공존은 잠재적이며 잠재적이기만 하다. 통합 지점 자체
는 잠재적이다. 이 통합 지점은 플라톤주의자들의 '전체-하나'Un-Tout[3)]
와 유사성이 없지 않다. 이완과 응축의 모든 층위들은 유일한 '시간' 안
에서 공존하며, 전체성을 형성한다. 하지만 이 '전체', 이 '하나'는 순수
잠재성이다. 이 '전체'는 부분들이 있고, 이 '하나'는 수가 있지만, 오직
가능태en puissance로 그렇다.[4)] 이러한 이유로 베르그손은 그가 잠재적
공존 안에서, 단일한 '시간' 안에서, 단순한 '전체성' 안에서 서로 다른
강도들 혹은 정도들에 대해 말할 때 모순되지 않는다.

* * *

96 이런 철학은 잠재의 관념이 모호하고 미규정적이길 그친다고 가
정한다. 그것은 자체로 정확함의 극대치를 가져야만 한다. 이러한 조건
이 채워지는 건, 우리가 일원론에서 출발해서 이원론을 재발견하고 새
로운 평면에서 그것을 고려할 수 있을 때뿐이다. 따라서 앞의 세 계기
에 네 번째 계기, 즉 재발견되고 지배되고 어떤 점에선 출생한 이원론

---

3) [옮긴이] '전체로서의 하나', '전체인 하나'라는 뜻.

4) 베르그손에 따르면, '전체'라는 말은 의미가 있지만, 현행적인 무언가를 가리키지 **않는다**는 조
건에서만 그렇다. 그는 '전체'는 주어지지 않는다는 것을 끊임없이 환기한다. 전체의 관념이 의
미가 없다는 뜻이 아니라, 전체의 관념은 잠재성을 가리킨다는 뜻이다. 현행적 부분들은 자신
을 전체화할 수 없으니 말이다.

의 계기가 보태져야만 한다.

베르그손이 **생의 약동**에 대해 말할 때, 그는 무슨 말을 하려는 걸까? 언제나 관건은, 자신을 현행화하고 있는 잠재성, 자신을 분화하고 있는 단순성, 자신을 나누고 있는 전체성이다. "분해와 분열에 의해", "이분법"에 의해 나아가는 것이 바로 생의 본질이다.[5] 가장 잘 알려진 예들에서, 생은 식물과 동물로 나뉜다. 동물은 본능과 지능으로 나뉜다. 본능은 그 나름 여러 방향으로 나뉘어, 잡다한 종들에서 자신을 현행화한다. 지능 자신은 특수한 양태들 혹은 현행화들이 있다. 모든 일은 마치 '생'이 여러 갈래로 뻗은 계열들 속에서 분화의 운동 자체와 뒤섞인 것처럼 일어난다. 필경 이 운동은 지속이 물질로 삽입되는 것에 의해 설명된다. 지속은 물질 속에서 만나는 장애물들에 따라, 가로지르는 물질성에 따라, 응축시키는 연장의 종류에 따라 자신을 분화한다. 하지만 분화에는 외적 원인만 있는 게 아니다. 지속이 자신을 분화하는 것은 자신 안에서, 내적 폭발력에 의해서다. 지속은 가지 뻗거나 여러 갈래로 뻗은 계열들 안에서만 자신을 긍정하고, 자신을 연장하고, 진전한다.[6] 정확히 말해, '지속'은 이 운동 속에서 나타날 때 생이라고 불린다. 분화 자신은 왜 "현행화"일까? 그 까닭은 분화가 단일성, 잠재적이고 원시적인 전체성을 가정하기 때문으로, 이 단일성, 전체성은 분화의 선들을 따라 분해되면서도 각각의 선마다 원래의 단일성, 전체성

97

---

5) EC, 571, 90 참조. 그리고 MR, 1225, 313. "생의 경향성의 본질은, 약동에 따른 발산하는 방향들을 성장이라는 유일한 사실을 통해 창조하면서, 다발 형태로 전개된다." 여기서 우선은 나뉘지 않은 '전체성', '통일성' 혹은 '단순성'의 우위에 대해, EC, 571~572, 90~91; 595, 119("근원적 동일성") 참조.

6) EC, 578, 99.

이 존속함을 여전히 증언한다. 이렇게 생이 식물과 동물로 자신을 나눌 때, 동물이 본능과 지능으로 자신을 나눌 때, 나눔의 각 편, 각각의 가지 뻗기는 모든 것을 함께 데려간다. 어떤 점에서는, 전체를 동반하는 안개와도 같아서, 나뉘지 않은 기원을 증언한다. 그리고 지능 안에는 본능의 후광이 있고, 본능 안에는 지능의 성운이 있다. 식물 안에는 일말의 동물적인 것이, 동물에게는 일말의 식물적인 것이 있다.[7] 분화는 항상 현행적으로 발산하는 선들을 가로질러 존속하는 잠재성의 현행화다.

이때 우리는 베르그손주의에 고유한 문제를 다시 만난다. 혼동해서는 안 되는 두 유형의 나눔이 있다. 첫째 유형에 따르면 우리는 하나의 복합물, 가령 시간-공간 혼합물 혹은 지각-이미지와 회상-이미지의 혼합물에서 출발한다. 이 복합물을 우리는 현행적으로 발산하는 두 선으로 나누는데, 이 선들은 본성에 있어 차이 나며 우리는 그것들을 경험의 전환점 너머로 (순수 물질과 순수 지속, 아니면 순수 현재와 순수 과거로) 연장한다. 하지만 우리는 지금 완전히 다른 유형의 나눔에 대해 말하고 있다. 우리의 출발점은 하나의 단일성, 하나의 단순성, 하나의 잠재적 전체성이다. 본성에 있어 차이 나는 발산하는 선들을 따라 자신을 현행화하는 건 바로 이 단일성이다. 그것은 잠재적으로 감싸고 있던 걸 "펼치고"explicuer 전개한다. 예컨대 순수 지속은 매 순간 과거와 현재라는 두 방향으로 자신을 나눈다. 혹은 생의 약동은 매 순간 두

---

7) 실제로 분화의 산물들은 결코 경험 속에서 완전히 순수하지는 않다. 더욱이 각각의 선은 그것이 배제하는 것을 "보정"한다. 가령 지능까지 가는 선은 지능적 존재들한테서 본능의 등가물을, 말하자면 **이야기 꾸미기**(fabulation)에 의해 표상되는 "잠재적 본능"을 불러일으킨다. MR, 1068, 114 참조.

개의 운동으로 자신을 분해하는데, 하나는 물질로 다시 떨어지는 이완 운동이고 또 하나는 지속으로 다시 올라가는 긴장 운동이다. 두 유형의 나눔에서 얻어진 발산하는 선들은 일치하고 포개지며, 아니면 적어도 밀접하게 대응한다는 걸 알 수 있다. 둘째 유형의 나눔에선 첫째 유형에 따라 규정됐던 본성의 차이들과 똑같거나 유사한 본성의 차이들이 재발견된다. 두 경우에서 정도의 차이들만을 붙드는 세계관을 비판하고 있는데 거기에는 더 깊게는 본성의 차이들이 있다.[8] 두 경우에서 본성에 있어 차이 나는 경향성들 간의 이원론이 규정된다. 하지만 두 경우에 똑같은 이원론의 상태, 똑같은 나눔이 아니다. 첫째 유형에서 그것은 **불순한 복합물의 분해에서 나오는** 성찰적 이원론이다. 이것은 방법의 첫 번째 계기를 구성한다. 둘째 유형에서 그것은 **'단순함' 또는 '순수함'의 분화에서 유래한** 발생적 이원론이다. 이것은 방법의 마지막 계기를 형성하며 이 새로운 평면에서 마침내 출발점을 재발견한다.

이제 하나의 물음이 점점 더 절박하다. 하나이고 단순한 이 '잠재'의 본성은 무엇일까? 이미 『시론』에서, 나아가 『물질과 기억』에서, 베르그손의 철학이 가능성의 범주를 거부하는 바로 그때 잠재성의 관념을 그만큼 중시했던 건 어찌 된 일일까? "잠재"는 적어도 두 가지 관점에서 "가능"과 구별된다. 실제로 어떤 관점에서 가능은 현실réalité의 반대이며, 현실에 대립한다. 하지만 완전히 다른 지평에서 잠재는 현행現行, l'actuel에 대립한다. 우리는 이 용어법을 진지하게 취해야 한다. 가능은 (비록 현행성을 가질 수는 있지만) 현실을 갖고 있지 않다. 역으로

---

8) 베르그손이 '자연' 철학에 가하는 커다란 비난은, 진화와 분화에서 같은 선 위에 있는 정도의 차이들만 보았다는 점이다. EC, 609, 136.

잠재는 현행적이지는 않지만, **그 자체로 현실을 소유하고 있다.** 여기서도 잠재성의 상태를 정의하기에 가장 좋은 공식은 프루스트의 것이리라. "현행적이지 않으면서 실재적인, 추상적이지 않으면서 관념적인 réels sans être actuels, idéaux sans être abstraits." 다른 한편, 다른 관점에서 보면, 가능은 자신을 "실현"하는 (혹은 실현하지 않는) 그것¹이다. 실현의 과정은 유사성과 제한이라는 두 개의 본질적인 규칙에 순종한다. 실재는 그것이 실현하는 가능의 이미지에 있다고 여겨지기 때문이다(실재는 다만 실존 혹은 현실을 더 갖고 있을 뿐이며, 이 점은 개념의 관점에서 가능과 실재 사이에는 차이가 없다고 말함으로써 번역할 수 있다). 그리고 모든 가능들이 자신을 실현하는 건 아니기에 실현은 제한을 내포하며, 제한에 의해 어떤 가능들은 기각되거나 방해받는다고 여겨지고 다른 가능들은 실재 속으로 "이행한다". 반대로 잠재는 자신을 실현하는 게 아니라 자신을 현행화s'actualiser해야 한다. 그리고 현행화의 규칙은 더는 유사성과 제한이 아니라 차이 혹은 발산, 그리고 창조다. 어떤 생물학자들이 잠재성 혹은 유기체적 잠재력potentialité이라는 관념을 환기하면서도 이 잠재력이 전반적 역량의 단순한 제한에 의해 자신을 현행화한다고 주장할 때, 그들이 잠재와 가능의 혼동에 빠져 있다는 점은 명백하다.⁹⁾ 자신을 현행화하기 위해 잠재는 제거 혹은 제한에 의해 진행할 수 없으며 정립적 행위들actes positifs 속에서 자기 고유의 현행화 선들을 **창조**해야만 하기 때문이다. 그 이유는 단순하다. 실재는 그것이 실현하는 가능성의 이미지 및 유사성에 있지만, 반대로 현행은 그것이 구현하는

---

9) 철학적으로는 라이프니츠의 시스템 같은 데서 잠재와 가능 두 개념 사이에 유사한 주저를 발견하리라.

잠재성과 유사하지 **않다**. 현행화 과정에서 일차적인 것은 차이다. 출발 지점인 잠재와 도달 지점인 현행들 사이의 차이, 또 현행화가 일어나는 보완선들 사이의 차이. 요컨대 잠재성의 고유함은, 자신을 분화하면서 자신을 현행화하는 그런 방식으로, 그리고 자신을 현행화하기 위해서는 어쩔 수 없이 자신을 분화하고 분화의 선들을 창조해야만 하는 그런 방식으로 실존한다는 점이다.

왜 베르그손은 잠재라는 관념을 선호하면서 가능이라는 관념을 거부할까? 정확히 말해, 방금 살펴본 성격들 때문에 가능은 가짜 관념이며 가짜 문제의 원천이기 때문이다. 실재는 가능성과 유사하다고 가정된다. 이 말은, 이미 만들어져 있고, 미리 형성되어 있고, 자기보다 앞서 실존하고, 계속되는 제한들의 질서에 따라 실존하게 될 실재가 주어져 있다는 뜻이다. 이미 **모든 게 주어져 있고**, 실재 전체는 이미지 속에, 가능이라는 가짜–현행성 속에 주어져 있다. 이제 요술이 분명해진다. 만약 실재가 가능과 유사하다고 얘기된다면, 실은 실재가 고유한 수단을 통해 생겨나기를 기다렸기 때문 아닐까? 그걸 통해 실재는 허구적 이미지를 "역투사"하고, 실재가 생기기 전에도 언제든 가능했다고 주장하는 건 아닐까? 실로 가능과 유사한 것이 실재가 아니라, 실재와 유사한 것이 가능이다. 그리고 일단 만들어진 실재에서 가능을 추상했기 때문에, 가능은 불모의 분신처럼 실재에서 자의적으로 추출한 것이다.[10] 이렇게 되면 차이의 메커니즘도 창조의 메커니즘도 전혀 이해하지 못하는 셈이다.

진화는 잠재에서 현행들로 일어난다. 진화는 현행화고, 현행화는

---

10) PM, 「가능과 실재」(Le possible et le réel) 참조.

창조다. 따라서 생물학적 진화 혹은 생물의 진화에 대해 말할 때, 두 개의 오해를 피해야 한다. 자신을 실현하는 "가능"의 견지에서 그것을 해석하는 것, 아니면 순수 현행의 견지에서 그것을 해석하는 것. 첫 번째 오해는 전성설前成說에서 분명하게 나타나는 것 같다. 그리고 진화론은 전성설에 맞서 생은 생산이며 차이들의 창조라는 걸 잊지 않게 해준다는 장점을 늘 가지리라. 모든 문제는 이 차이들의 본성과 원인이다. 물론 이 생명적 차이들 혹은 변주들을 순수하게 우연적이라고 착상할 수도 있겠다. 하지만 이런 해석에 대해 세 가지 반대가 제기된다. 1) 이 변주들이 아무리 작다 해도 우연에 의한 것이라면 서로 외부적이고 "아무래도 좋은" 것으로 남으리라. 2) 변주들은 외부적이기에, 논리적으로 서로 연합과 합산의 관계에 들어갈 수 있을 뿐이리라. 3) 변주들은 서로 아무래도 좋기에, 그런 관계에 실질적으로 들어갈 수단조차 없으리라(왜냐하면 계속되는 작은 변주들이 같은 방향으로 엮이고 더해질 이유가 전혀 없기에, 돌발적이고 동시적인 변주들이 생명 집합체 속에서 서로 조화를 이룰 이유도 전혀 없기에).[11] 환경의 작용과 외부 조건의 영향에 호소한다면, 세 가지 반대가 다른 형태로 남는다. 차이들은 여전히 순수 외부 인과성의 관점에서만 해석되리라. 본성의 측면에서, 차이들은 단지 수동적 결과들, 추상적으로 조합하거나 더할 수 있는 요소들이리라. 그렇지만 관계의 측면에서, 차이들은 "일괄적으로", 원인들을 지배 혹은 이용하는 방식으로 기능할 수 없으리라.[12]

---

11) EC, 549~554, 64~70.

12) EC, 555, 72. 외부의 물리적 에너지, 예컨대 빛은 어떻게 "그것을 통해 남은 인상을 그것을 이용할 수 있는 기계로 전환시킬" 수 있었을까?

따라서 진화론의 실수는 생명적 변주들을 유일한 선 위에서 자신을 조합해야만 하는 현행적 규정들이라고 착상한 점이다. 생의 철학의 세 가지 요구사항은 다음과 같다. 1) 아마도 생명적 차이는 단지 내적 차이로서 살아 내고 생각될 수 있다. 이런 의미에서만, "바꾸려는 경향성"은 우연적이지 않으며, 변주들 자체는 이 경향성 안에서 내부 원인을 발견한다. 2) 이 변주들은 연합과 합산의 관계가 아니라 반대로 분해 혹은 나눔의 관계에 들어간다. 3) 따라서 그것들은 발산하는 선들을 따라서 자신을 현행화하는 잠재성을 내포한다. 그래서 진화는 단선적이고 동종적인 계열 안에서 하나의 현행적 항에서 다른 현행적 항으로 가지 않고, 하나의 잠재적 항에서 여러 갈래로 뻗은 계열을 따라서 그것을 현행화하는 이종적 항들로 간다.[13]

하지만 '단순함' 혹은 '하나', 즉 "근원적 동일성"이 어떻게 자신을 분화할 힘을 가졌는지 물을 수 있다. 정확히 말해 답변은 이미 『물질과 기억』에 담겨 있다. 그리고 『창조적 진화』와 『물질과 기억』의 연결은 완벽하게 엄밀하다. 우리는 **잠재는 그 자체로 현실을 가진다**는 것을 안다. 이 현실은 전 우주로 연장되어 있기에 이완과 응축의 모든 공존하는 정도들에 있다. 막대한 기억, 우주적 원뿔이다. 거기에서는 층위의 차이를 제외하고 모든 것이 자신과 공존한다. 이 층위들 각각에는 어떤 "탁월한 점들" points brillants 이 있고, 이는 각 층위에 고유한 주목할 만

103

---

13) 분명 발산하는 선들 혹은 여러 갈래로 뻗은 계열이라는 관념은 18세기 이래로 분류자들에게 알려지지 않은 것은 아니다. 하지만 베르그손에게 중요한 것은 방향들의 이 발산들은 잠재의 현행화라는 관점에서만 해석될 수 있다는 점이다. 오늘날에는 레몽 뤼예(Raymond Ruyer)한테서 베르그손과 유사한 요구사항을 발견할 수 있다. "공간을 넘어서고 기억적이고 발명적인 잠재력"(potentiel trans-spatial, mnémique et inventif)에 대한 호소, 순수 현행적 견지에서 진화를 해석하는 것의 거부(『심리-생물학 요강』*Éléments de psycho-biologie*, Paris: PUF 참조).

한 점들points remarquables과도 같다.[14] 이 모든 층위들 혹은 정도들은, 그리고 이 점들은, 그 자체로 잠재적이다. 그것들은 단일한 '시간'에 속하고, '단일성' 안에서 공존하며, '단순성' 안에 감싸여 있고, 잠재적인 '전체' 자신의 가능태의 부분들을 형성한다. 그것들이 **이 잠재성의 현실**이다. 이것이 잠재적 다양체의 이론의 의미일 텐데, 베르그손주의는 처음부터 이것에 활기를 불어넣었다. 잠재성이 자신을 현행화하고, 자신을 분화하고, 자신을 "전개할" 때, 잠재성이 자신의 부분들을 현행화하고 전개할 때, 그것은 발산하는 선들을 따라서 그렇게 하지만, 이 선들 각각은 잠재적 전체성 안에서 이런저런 정도에 대응한다. 거기에 공존하는 전체는 이젠 없다. **일부는 순차적이고 일부는 동시적인** 현행화의 선들이 있을 뿐이다. 하지만 이 선들 각각은 한 방향에서의 전체의 현행화를 표상할 뿐, 다른 선들 혹은 다른 방향들과 조합되지 않는다. 그렇지만 이 선들 각각은 잠재 속에서 온통 공존하는 이 정도들 중 하나에 대응한다. 각각의 선은 자기 층위를 다른 층위들과 떼어 놓으면서 현행화한다. 각각의 선은 다른 층위들로 이행하는 모든 것을 무시하면서 자기 층위의 주목할 만한 점들을 구현한다.[15] 우리는, 지속이 자신을 물질과 생으로 나누고, 그다음 생이 자신을 식물과 동물로 나눌 때, 서

---

14) [옮긴이] 들뢰즈는 탁월한 점(point brillant) 혹은 주목할 만한 점(point remarquable)과 똑같은 뜻으로 독자적인 점(point singulier) 혹은 독자성/특이점(singularité)이라는 개념을 사용한다.

15) "생명은 규정된 종으로 응축하자마자, 막 탄생하게 된 종에게 흥미로운 하나 혹은 두 개의 점을 제외하고는, 자신 외 나머지와의 접촉을 상실하는 것 같다. 어떻게 여기서 생이 의식 일반으로서, 기억으로서 전진한다고 보지 않겠는가?" 베르그손이 위와 같이 말할 때(EC, 637, 168), 독자는 이 **점들**이 원뿔의 각 층위에서 이탈한 탁월한 점들에 대응한다고 생각해야만 한다. 따라서 분화 혹은 현행화의 각 선은 "자연의 평면"을 구성하며, 이것은 제 나름의 방식으로 잠재적 절단면 혹은 층위를 다시 취한다(이 책 107쪽 주2 참조).

로 다른 차원들은 자신들을 현행화하되, 잠재적인 채로 있는 한에서만 공존한다고 생각해야 한다. 그리고 동물 본능 자체가 잡다한 본능들로 자신을 나눌 때, 혹은 특정한 본능 자체가 종들에 따라 자신을 나눌 때, 층위들도 다시 자신과 갈라지거나 동물 혹은 유類의 영역에서 자신을 현행적으로 재단한다. 그리고 현행화의 선들이 이완 혹은 응축의 잠재적 층위들 혹은 정도들과 아무리 밀접하게 대응한다 해도, 그 선들이 단순한 유사성에 의해 그것들을 모사하고 재생산하는 데 그친다고 생각할 수는 없으리라. 왜냐하면 잠재 안에서 공존하는 것은 현행 안에서 공존하기를 그치고, 각각 특정한 측면에서, 특정한 관점에서만 전체를 담고 있는 합계를 낼 수 없는 선들 혹은 부분들로 자신을 분배하기 때문이다. 또 이 분화의 선들은 참으로 창조적이다. 그것들은 발명에 의해서만 현행화하며, 그것들이 구현하는 존재론적 층위의 물리적, 생명적 혹은 심적 대표를 이 조건들 속에서 창조한다.

만일 우리가 각각의 선을 종결짓는 현행들만 간직한다면, 우리는 그것들 사이에 점진관계건 대립관계건 어떤 관계들을 설립하는 셈이다. 가령 식물과 동물 사이에, 동물과 인간 사이에, 우리는 정도의 차이만을 볼 것이다. 아니면 우리는 그 각각에 근본적인 대립을 놓게 될 것이다. 우리는 하나에서 다른 하나의 부정을, 다른 하나의 역전을, 혹은 다른 하나에 대립하는 장애물을 볼 것이다. 베르그손은 종종 반대라는 견지에서 이렇게 표명하곤 한다. 물질은 생의 약동이 우회해야 하는 장애물로 제시되며, 물질성은 생의 운동의 전도顚倒로 제시된다.[16] 하지만 베르그손이 전에 고발했던 부정이라는 착상으로 돌아왔다거나

---

16) 이 부정적 어휘에 관해서는 EC, ch. 3 전체를 참조.

퇴락의 이론으로 돌아왔다고 믿어서는 안 되리라. 왜냐하면, 분화가 부정이 아니라 창조고 차이가 부정적인 게 아니라 본질적으로 정립적이고 창조적이라는 걸 보기 위해서는, 현행적 항들을 생산하는 운동 속에 그것들을 돌려놓고, 그것들 속에서 자신을 현행화하는 잠재성과 그것들을 관계 짓는 것으로 충분하기 때문이다.

분화의 도식 요약(『창조적 진화』 2장)

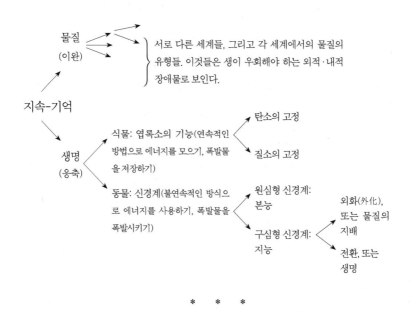

*   *   *

　　이 현행화 혹은 분화의 선에 공통되는 법칙들을 우리는 항상 재발견한다. 생과 물질 사이, 이완과 응축 사이에는, 잠재적 '전체' 속에서 각각의 정도들을 증언하고, 현행화의 과정에서 본질적 상대성을 증언하는 상관관계가 있다. 생의 각 선은 물질의 유형과 관련되어 있으며,

그것은 외부 환경일 뿐 아니라 그것과 관련해서 생물은 하나의 몸, 하나의 형식으로 자신을 제작한다. 이런 이유로 생물은 물질과 관련해서 무엇보다 문제 정립으로, 문제 해결 역량으로 나타난다. 가령 눈의 건설은 무엇보다도 빛과 관련해서 정립된 문제의 답이다.[17] 그리고 문제가 정립된 방법과 문제 해결을 위해 생물이 이용한 수단에 따라, 있을 수 있을 만큼 답이 좋았다고 매번 말할 수 있으리라. (바로 그렇기에 다양한 종에서 비슷한 본능을 비교한다면, 그것이 다소 완전하다, 다소 완성됐다고 말해서는 안 되고 다양한 정도로 있을 수 있을 만큼 완벽하다고 말해야만 하리라.)[18] 그렇지만 생명적 답 각각이 그 자체로 성공이 아님은 분명하다. 우리는 동물을 절지동물과 척추동물 둘로 나눌 때, 극피동물과 연체동물이라는 다른 두 방향은 고려하지 않았는데, 이 두 방향은 생의 약동을 위해선 실패다.[19] 모든 일이 마치 생물들 자신도 길을 잃을 우려가 있는 가짜 문제를 자신에게 정립한 것처럼 일어난다. 더욱이 답 전체가 문제나 환경의 조건들과 관련해서 상대적 성공이라면, 답을 발명하는 운동과 관련해서는 여전히 상대적으로 실패다. **운동**으로서의 생은 생이 불러일으킨 물질적 **형식** 속에서 자신을 소외시킨다. 생은 자신을 현행화하면서, 자신을 분화하면서, "자신 외 나머지와의 접촉"을 상실한다. 따라서 모든 종은 운동의 정지다. 생물은 맴돌고, 그리고 **자신을 닫는다**고 말할 수 있으리라.[20] '전체'는 잠재적일 뿐이며, 현실태

108

---

17) 생의 이러한 성격, 즉 문제의 정립과 답은 베르그손에게 필요라는 부정적 규정보다 더 중요해 보인다.

18) EC, 640, 172; MR, 1082, 132. "… 각각의 정지마다, 자기 종에서 완벽한 조합."

19) EC, 606, 132.

20) 생과 형식의 대립에 대해, EC, 603, 129 이하. "지나가는 바람이 일으킨 먼지의 소용돌이처럼, 생물들은 생명의 거대한 숨결에 매달려서 맴돈다. 따라서 그것들은 상대적으로 안정적이며 부

acte로 이행하면서 자신을 나누기 때문에 생물은 다른 식일 수 없다. 또 생물은 서로의 외부에 머물러 있는 '전체'의 현행적 부분들은 모을 수 없다. '전체'는 결코 "주어지지" 않는다. 그리고 현행 속에서, 환원 불가능한 다원론이 군림한다. 생물들과 같은 수의 세계들은 온통 자신 위에서 "닫혀" 있다.

하지만 다른 진동 속에서, 우리는 **'전체'**가 주어지지 않았던 점을 기뻐해야 한다. 이는 처음부터 베르그손주의의 불변하는 주제였다. 공간과 시간의 혼동, 시간을 공간에 동화한 것은, 권리상으로만, '신'의 시선 아래서만 그럴지라도, 우리에게 전체가 주어졌다고 믿게 한다. 그리고 이것은 기계론과 궁극목적론finalisme 모두에 공통되는 오류다.[21] 전자는 모든 것이 상태의 견지에서 계산 가능하다고 가정한다. 후자는 모든 것이 프로그램의 견지에서 규정 가능하다고 가정한다. 모든 방식으로, 시간은 이제 우리에게 영원을 감추는, 혹은 우리에게 신이나 초인적 지능이 단번에 보는 것을 순차적으로 내보이는, 스크린으로서만 거기에 있다.[22] 우리가 시간을 공간화하는 이상 이 가상은 피할 수 없다. 실제로 공간 속에서는, 일어나고 있는 운동이 우리에게 이미 만들어진 형식으로 보이게 하기 위해서는, 현상이 일어나는 차원들에 보충

동성을 아주 잘 위조한다…." "정지"로서의 종에 대해, MR, 1153, 221. 이것이 **닫힘**이라는 관념의 기원인데, 그것은 인간 사회의 연구에서 매우 큰 중요성을 획득하게 된다. 이는, 어떤 관점에서 보면 '인간'은 다른 동물 종들과 마찬가지로 자기 위에서 맴돌고, 자기 위에서 폐쇄되고, 순환적이기 때문이다. 인간은 "닫혀 있다"고 말할 수 있으리라. MR, 1006, 34; 1193, 273 참조.
21) [옮긴이] '기계론'과 '궁극목적론'은 같은 원리를 따른다. 전자는 선행 원인이 후행 결과를 필연적으로 산출한다고 전제하기 때문에 최초의 원인이 최종 결과에 이르도록 이끌며, 후자는 최후의 목적이 원인이 되어 이전의 모든 과정을 진행시킨다는 점에서 뒤집힌 기계론이다.
22) EC, 526~528, 37~40.

적인 차원을 이용하면 충분하다. 따라서 우리가 시간을 공간의 제4차원으로 여긴다면, 이 제4차원은 우주의 모든 가능한 형식을 일괄적으로 담고 있다고 가정되리라. 그리고 시간 속에서의 경과는 물론 공간 속에서의 운동도 이제 3차원에 묶인 현상들에 불과하리라.[23] 하지만 실로, 진짜 공간이 3차원만 있다는 점과 '시간'이 공간의 한 차원이 아니라는 점은 다음과 같은 뜻이다. 시간의 실효성, 정립성이 있으며, 시간은 다만 사물들의 "망설임"과 하나며, 따라서 세계 속에서의 창조와 하나다.[24]

지속의 '전체'가 있으리라는 건 확실하다. 하지만 이 전체는 잠재적이다. 그것은 발산하는 선들을 따라 자신을 현행화한다. 하지만 정확히 말해 이 선들은 그 자체로 보면 전체를 형성하지 않으며 그것들이 현행화하는 것과 유사하지 않다. 기계론과 궁극목적론 중에, 궁극목적론이 선호할 만하다. **두 가지 수정을 거친다는 조건에서** 그렇다. 한편으로, 생물과 우주 전체를 비교할 만한 이유가 있다. 하지만 우리는 이 비교를 두 개의 닫힌 전체성(대우주와 소우주) 간의 일종의 유비를 표현하는 것처럼 해석하면 잘못이다. 반대로 만일 생물이 합목적성을 가진다면, 그것은 생물이 열린 전체성 자체에 대해 본질적으로 열려 있는 한에서만 그렇다. "합목적성은 외부적이며, 그렇지 않다면 그건 아무것도 아니다."[25] 따라서 모든 고전적인 비교는 의미를 바꾼다. 전체는 유기체의 방식으로 자신을 닫지 않으며, 전체에 대해 이 모든 잠재성의

110

---

23) DS, 203 이하. "휘어진 평면"과 "삼차원 곡선"의 예에 대해서.
24) DS, 84. "사물들의 어떤 부분에 내재하는 어떤 주저 혹은 미규정", 그것은 "창조적 진화"와 뒤섞인다.
25) EC, 529, 41.

방식으로 자신을 여는 것이 바로 유기체다.

다른 한편, 발산하는 선들에서 비슷한 현행화들, 똑같은 구조들 혹은 장치들(가령 연체동물과 척추동물에서 눈)을 발견하는 그만큼, 합목적성의 증거가 있다. 선들의 간격이 더 떨어지고 비슷한 기관이 비슷하지 않은 수단 자체에 의해 획득되는 만큼, 이 예는 더더욱 의미심장하리라.[26] 여기서 어떻게 현행화 과정들 속에서 유사성의 범주 자체가 발산, 차이, 혹은 분화의 범주에 종속되어 있는지 볼 수 있다. 현행적 형식들 혹은 산물들이 서로 유사할 수 있다 해도, 생산의 운동들은 서로 유사하지 않으며, 산물들은 그것들이 구현하는 잠재성과 유사하지 않다. 이런 이유에서 현행화와 분화는 진정한 창조다. '전체'는 그것이 자신을 현행화할 때 따르는 발산하는 선들을 **창조**해야만 하며, 그것이 각 선 위에서 이용하는 비슷하지 않은 수단들을 **창조**해야만 한다. 생은 방향 없이 작동하지 않기에, 합목적성은 있다. 하지만 이 방향들은 이미 만들어진 채 미리 실존하지 않으며 방향들 자체가 그것들을 주파하는 현실태를 "따라가며" 창조되기 때문에, "과녁"은 없다.[27] 현행화의 선각각은 잠재적 층위에 대응한다. 하지만 매번 그 선은 이 대응의 형태를 발명해야 하며, 뒤섞여 있던 것을 구별할 수단을, 그저 감싸여 있던 것을 전개할 수단을 창조해야 한다.

---

26) EC, 541, 55 이하. "원인들이 무한히 많고 결과가 무한히 복잡한데도, 어떻게 우발적 질서 속에서 제시되는 우발적 원인들이 여러 번이나 같은 결과물에 이르렀다고 가정할 수 있을까?" 뤼시앵 퀴에노(Lucien Cuénot)는 베르그손 이론의 방향으로 가는 모든 종류의 예들을 설명했다. 『생물학에 있어서 발명과 합목적성』(*Invention et finalité en biologie*) 참조.

27) EC, 538, 51.

*   *   *

　'지속', '생'은 권리상 기억이고, 권리상 의식이며, 권리상 자유다. 권리상이란 잠재적으로라는 뜻이다. 어떤 조건에서 지속은 **사실상** 자기 의식으로 될까? 생은 어떻게 사실상의 기억과 자유에 **현행적으로** 이를까? 이를 아는 것이 전체 물음이다(**어떤 사실일까?**quid facti?).[28] 베르그손의 답변은 다음과 같다. 생의 약동이 성공적으로 "일어나는" 건 오직 '인간'의 선 위에서다. 이런 의미에서 인간은 실로 "모든 전개의 존재 근거"다.[29] 인간에서 그리고 인간에서만, 현행은 잠재에 적합하게 들어맞는다고 말할 수 있으리라. 인간은 잠재적 '전체' 안에 공존하는 이완과 응축의 모든 층위들과 모든 정도들을 재발견할 역량이 있다고 말할 수 있으리라. 마치 인간은 모든 광란까지도 불사하는 듯하고, 다른 곳에서라면 다양한 종들에서 구현될 수 있을 뿐인 모든 걸 자기 안에서 순차적으로 일어나게 하는 듯하다. 인간은 꿈에서도 물질을 재발견하거나 예비한다. 그리고 인간보다 열등하거나 우월한 지속들은 여전히 그의 내부에 있다. 따라서 인간은 '전체'를 위해 유효한 분화를 창조하며, 인간만이 열린 전체 자체를 표현할 수 있는 열린 방향을 그려간다. 다른 방향들은 폐쇄되고 맴돌지만, 자연의 또렷이 구별되는 "평면"은 각 방향에 대응하지만, 반대로 인간은 마침내는 능산적 자연을 표현하기 위해 평면들을 뒤섞고 자신의 고유한 조건인 자신의 고유한

112

---

28) EC, 649, 182; ES, 818, 5 이하 참조.
29) MR, 1154, 223.

평면을 넘어갈 역량이 있다.[30]

　인간의 이 특권은 어디서 오는 걸까? 언뜻 보기에 그 기원은 보잘 것없다. 지속의 모든 응축은 여전히 이완에 상대적이고, 모든 생은 여전히 물질에 상대적이기에, 출발점은 뇌 물질의 어떤 상태에 있다. 뇌 물질은 수용된 흥분을 "분석했고", 반작용을 선별했고, 흥분과 반작용 사이의 **간격**을 가능케 했다는 점을 떠올려 보자. 여기서 특별히 복잡한 물질의 물리-화학적 성질들을 넘어서는 것은 아무것도 없다. 하지만 우리가 보았듯이, 이 간격으로 내려오는 것, 현행적이 되는 건 기억 전체다. 자신을 현행화하는 건 자유 전체다. 인간의 분화선 위에서 생의 약동은 물질로 자유의 도구를 창조하는 법을, "기계론을 제압하는 기계를 제작하는" 법을, "결정론이 쳐 놓은 그물들을 가로질러 통과하기 위해 자연의 결정론을 채용하는" 법을 알고 있었다.[31] 자유는 정확히 이런 물리적 의미가 있다. 폭발물을 "폭발시키기", 점점 더 강력한 운동을 위해 폭발물을 이용하기.[32]

　하지만 저 출발점은 어디에 이르는 것처럼 보이는가? 지각으로. 또한 유용한 회상들이 뇌 간격에서 자신을 현행화하기 때문에, 유용한 기억으로도. 또한 물질을 지배하고 이용하는 기관으로서 지능으로. 심지어 우리는 인간이 **사회**를 형성한다고 이해한다. 사회가 유일하게 혹은 본질적으로 지능적인 건 아니다. 분명 인간 사회들은 기원에서부터 필요들에 대한 어떤 지능적 이해와 활동들에 대한 어떤 합리적 조직화

---

30) '자연'을 속이고 '자연'의 "평면"을 넘어가고 능산적 '자연'에 다시 합류하는 인간에 대해, MR, 1022~1029, 55~64 참조. 인간에 의한 인간 조건의 넘어섬에 대해 MR 도처; PM, 1425, 218.

31) EC, 719, 264.

32) ES, 825~826, 14~15.

를 함축한다. 하지만 그 사회들 역시도 자신을 형성하며, 비합리적이거나 심지어 부조리한 요인들에 의해서만 존속한다. 의무를 보자. 그것은 합리적 기초가 없다. 각각의 특수한 의무는 관행적이며, 부조리를 살짝 스칠 수 있다. 기초가 마련된 유일한 것은 의무들을 가지라는 의무, "의무의 전체"다. 그것은 이성에 기초한 것이 아니라, 자연의 요구에, 일종의 "잠재적 본능"에, 말하자면 자연이 지능의 편파성을 상쇄하기 위해 합리적 존재 **안에** 생기게 한 대응물에 기초해 있다. 분화의 각 선은, 배타적인 탓에, 자신에게 고유한 수단을 통해 다른 선의 이점利點들을 따라잡으려 한다. 이처럼 서로 떨어지긴 했어도 본능과 지능은 전자가 지능의 대응물을 만들어 내고 후자가 본능의 등가물을 만들어 내는 그런 관계다. 이것이 "이야기 꾸미기 기능"fonction fabulatrice이다. 잠재적 본능, 신들의 창조자, 종교들의 발명자, 다시 말해 "실재의 표상에 저항하고 지능 자체의 매개를 통해 지적 작업을 거역하는 데 성공할" 허구적 표상들의 창조자. 그리고 의무에서처럼 각각의 신은 우연적이거나 심지어 부조리하다. 하지만 자연스럽고, 필연적이고, 기초가 있는 건 신들을 **가지는 것**, 신들의 판테온이다.[33] 요컨대, 사회성(인간적 의미에서)은 지능적 존재들 **안에**만 실존할 수 있지만 그들의 지능에 기초해 있지는 않다. 사회생활은 지능에 내재하며, 지능과 함께 시작하지만, 지능에서 유래하지 않는다. 그러므로 우리 문제는 풀리기보다 얽히는 것 같다. 왜냐하면 지능과 사회성을 보완과 차이라는 점에서 동시에 고려하면, 여전히 인간의 특권을 정당화해 주는 건 전혀 없기 때문이다. 인

114

---

33) MR, 1145, 211. 이야기 꾸미기 기능과 잠재적 본능에 대해서는 1067, 113 이하; 1076, 124. 의무와 잠재적 본능에 대해서는 998, 23.

간이 형성한 사회들은 동물 종들만큼이나 닫혀 있다. 그것들은 동물 종들 혹은 동물 사회들만큼이나 자연의 평면의 부분을 이룬다. 그리고 종들이 자기 안에서 맴돌듯, 혹은 개미가 자기 영역 안에서 맴돌듯, 인간은 인간 사회 안에서 맴돈다.[34] 여기서 인간에게 자신의 "평면"과 자신의 조건을 넘어설 수 있는 능력으로서의, 앞에서 언급한 예외적 열림을 부여할 수 있는 건 전혀 없는 것 같다.

만일 이런 종류의 지능과 사회의 놀이가 없다면, 둘 사이의 이 작은 간격은 그 자체로 결정적 요소이리라. 이미 뇌 내의 작은 간격이 지능을 가능케 했고, 기억의 현행화를 유익하게 했다. 게다가 그 간격 덕분에 몸은 정신의 생 전부를 모방했고, 우리는 우리를 순수 과거에 자리하게 하는 도약을 할 수 있었다. 이제 우리는 [여러 인간의] 뇌 사이의, 지능 자체와 사회 사이의 **또 다른 간격** 앞에 있게 되었다. 그건 지속 안에 있는 사물들의 우월한 "망설임"을 모방할 수 있게 될, 그리고 도약을 통해 인간에게 닫힌 사회들의 원을 부술 수 있게 허용해 줄, 지능의 저 "망설임"이 아닐까? 얼핏 보기엔 아니다. 왜냐하면 지능이 망설이고 때로 반항한다면, 무엇보다 사회적 요구사항에 맞서 지능이 보존하려 하는 이기주의의 이름으로 그러는 것이기 때문이다.[35] 그리고 만약 사회가 복종하게 되었다면, 그것은 이야기 꾸미기 기능 덕인데, 이 기능은 사회적 의무를 시인하는 게 이롭다고 지능을 설득한다. 따라서 우리는 언제나 한 항에서 다른 항으로 돌려보내지는 것 같다. 하지만 무언가가 그 간격에 삽입되게 됨에 따라 모든 게 바뀐다.

---

34) MR, 1006, 34.
35) MR, 1053, 94 ; 1153, 222.

(회상-이미지가 지능에 고유한 뇌 간격에 자신을 삽입하는 것과 마찬가지로) 지능과 사회의 간격에 자신을 삽입하게 되는 건 무엇일까? 직관이라고 답할 수 없다. 이와는 반대로 실제로 관건은 직관의 발생을 가동하는 것, 말하자면 지능 자신이 직관으로 전환하거나 전환되는 방식을 규정하는 것이다. 그리고 만일 분화의 법칙들에 따라 우리가 지능은 본능과 떨어지지만 여전히 직관의 핵과 같은 본능의 등가물을 간직하고 있다는 점을 떠올린다면, 우리는 진지한 건 아무것도 말하지 않았다. 왜냐하면 이 본능의 등가물은 이야기 꾸미기 기능에 의해 닫힌 사회 안에서 전적으로 그렇게 동원되었기 때문이다.[36] 베르그손의 진짜 답변은 전혀 다르다. 그 간격에 삽입되게 되는 것, 그것은 **감정**이다. 이 답변에서 "우리는 선택의 여지가 없다".[37] 감정만이 지능과 본능 둘 다와, 지능적인 개인적 이기주의와 유사 본능적인 사회적 압력 둘 다와 본성에 있어 차이 난다. 이기주의가 감정들을 제공한다는 점은, 게다가 이야기 꾸미기 기능의 모든 공상을 지닌 사회적 압력들이 감정들을 제공한다는 점은 분명 아무도 부정하지 않는다. 하지만 이 두 경우에 감정은 그것이 의존하고 있다고 여겨지는 표상에 언제나 매여 있다. 그래서 그것이 잠재력임을, 즉 순수 요소로서의 감정의 본성임을 알지 못한 채 감정과 표상의 복합물에 자리한다. 감정은 실은 모든 표

116

---

36) 그렇지만 베르그손은 어떤 구절들, 가령 MR, 1155, 224에서는 이러한 설명을 제안한다. 하지만 그건 단지 잠정적인 가치만 있다.

37) MR, 1008, 35. 창조적 감정의 이론은 너무나 중요해서 감수성(affectivité)에 전작에서는 결핍됐던 지위를 부여한다. 『시론』에서 감수성은 지속 일반과 뒤섞이는 경향이 있었다. 반대로 『물질과 기억』에서 그것은 훨씬 정확한 역할이 있었지만, 불순했고 차라리 고통스러웠다. 창조적 감정 및 그것과 직관의 관계에 대해서는 『역사와 역사철학』(L'histoire et sa philosophie), Paris: Vrin, p.76 이하에서 앙리 구이에(Henri Gouhier)의 연구를 참조.

상에 앞서며, 그 자신이 새로운 관념들을 산출한다. 감정은 적절히 말해 객체가 없으며, 다양한 객체들, 동물들, 식물들, 온 자연에 산재한 **본질**만 있다. "그런 숭고한 음악은 사랑을 표현한다. 하지만 그건 한 인간의 사랑이 아니다…. 그 사랑은 대상이 아니라 본질에 의해서 성질이 부여되리라."[38] 그것은 인간적이지만 개인적이지 않다. 그것은 초월적이지만 우리 안에 있는 신과 같다. "음악이 울 때, 그건 인류며, 음악과 함께 우는 전 자연이다. 진실을 말하건대 음악은 우리에게 이 느낌들을 밀어 넣지 않는다. 오히려 음악은 그 느낌들에 우리를 밀어 넣는다. 떠밀려서 춤에 들어오게 된 지나가던 사람처럼." 요컨대 감정은 창조적이다(감정은 먼저 창조 전체를 표현하기 때문이고, 다음으로 자신을 표현하는 작품을 그 자신이 창조하기 때문이고, 끝으로 이 창조성 약간을 관람자나 청자에게 전달하기 때문이다).

"사회의 압력과 지능의 저항" 사이의 작은 간격은 인간 사회들에 고유한 가변성을 정의하리라. 이제 이 간격의 도움을 받아 특별한 어떤 것, 즉 창조적 감정이 생산되거나 구현되기에 이른다. 이것은 사회의 압력과도 개인의 항의와도 더는 아무 관계가 없다. 이것은 항의하거나 심지어 발명하는 개인과도 아무 관계가 없고, 강요하는 사회, 설득하거나 심지어 이야기 꾸미는 사회와도 더는 아무 관계가 없다.[39] 감정은 원을 깨뜨리기 위해 개인과 사회의 순환 놀이를 이용할 뿐이며,

---

38) MR, 1191~1192, 270; 1007~1008, 35~36.
39) 베르그손에 따르면 예술도 두 원천이 있다는 점에 주목할 수 있다. 때로 집단적이고 때로 개인적인 **이야기 꾸미기** 예술이 있다(MR, 1141~1142, 206~207). 또 **감정적** 혹은 **창조적** 예술이 있다(1190, 268); 아마 모든 예술은 이 두 양상을 내보이지만, 비율은 다양하다. 베르그손은 예술에 있어 이야기 꾸미기의 양상이 그에게 열등하게 보였다는 점을 감추지 않는다. 소설은 무엇보다 이야기 꾸미기이고, 반대로 음악은 감정이고 창조이리라.

모든 일은 마치 '기억'이 회상들을 이미지들로 구현하기 위해 흥분과 반작용의 순환 놀이를 이용하는 것과도 같다. 그리고 정확히 말해, 모든 층위를 동시에 현행화하고, 인간을 창조자로 만들기 위해 인간에게 고유하며 창조의 운동 전체에 적합한 평면 혹은 층위에서 인간을 해방하는 우주적 '기억'이 아니라면, 이 창조적 감정이란 무엇이겠는가?[40] 의심할 여지 없이 이 해방, 우주적 기억을 창조적 감정들로 이렇게 구현하는 일은 특권적 영혼들에서 일어난다. 그것은 한 영혼에서 다른 영혼으로, "이따금", 닫힌 사막들을 가로지르며 도약한다. 하지만 사회에 자신을 개방한다면 사회는 닫힌 사회의 각 성원에게 일종의 상기를, 그가 따르도록 허용하는 동요를 전달한다. 그리고 영혼에서 영혼으로 사회는 **열린** 사회, 창조자 사회의 밑그림을 그리며, 그 사회에서는 제자들, 관람자들 혹은 청자들을 매개로 한 천재에서 다른 천재로 옮겨 간다.

118

사회는 지능 속 직관의 발생이다. 따라서 인간은 관조하기보다 작용하고 창조함으로써 열린 창조적 전체성에 이른다. 철학 자체에도 아직도 꼭 그래야 한다고 가정된 관조가 너무 많다. 모든 일은 마치 지능에 이미 감정, 따라서 직관이 관통한 것 같지만, 이 감정에 맞게 창조하기에는 충분치 않다.[41] 철학자보다 더 멀리 간 위대한 영혼들은 예술가와 신비주의자의 영혼들이다(적어도 베르그손이 온통 넘쳐 나는 활동, 행동, 창조라고 묘사하는 기독교 신비주의자의 영혼들).[42] 극한에서, 신비주의

---

40) MR, 1192, 270 참조. "…창조자들을 창조하고."
41) MR, 1029, 63.
42) 그리스, 동방 및 기독교의 세 신비주의에 대해서는 MR, 1158, 229 이하를 참조.

자는 모든 창조를 즐기며 너무나 적합해서 역동적이기까지 한 창조의 표현을 발명한다. 열려 있고 유한한(이것이 '생의 약동'의 성격인데) 신의 하인이기에, 신비주의적 영혼은 전 우주를 능동적으로 즐기며, 보거나 관조할 게 전혀 없는 '전체'의 열림을 재생산한다. 이미 감정에 의해 생기를 부여받았기에, 철학자는 경험에 주어진 복합물들을 가르는 선들을 채취하리라. 그리고 철학자는 "전환점" 너머까지 그것의 흔적을 연장하고, 모든 것이 다시 만날 잠재적 점을 멀리서 가리키리라. 모든 일은 마치 철학적 직관 속에서 규정되지 않은 채로 있는 것이, 신비주의적 직관 속에서 새로운 부류의 규정을 수용한 것처럼 일어난다. 마치 고유하게 철학적인 "개연성"이 신비주의적 확실성 속으로 연장된 것 같다. 필경 철학자는 바깥에서만, 그리고 개연성의 선들의 관점에서만 신비주의적 영혼을 고려할 수 있다.[43] 하지만 정확히 말해, 신비주의의 실존 자체는 확실성으로의 이 마지막 변모에 우월한 개연성을 부여하며, 이는 방법의 모든 양상에 대한 덮개 혹은 한계와 같다.

*　*　*

우리는 처음에 이렇게 물었다. 세 개의 근본 개념, 즉 '지속'과 '기억'과 '생의 약동' 간의 관계는 무엇일까? 베르그손의 철학에서 그 개념들은 어떤 발전을 표시할까? 우리가 보기에 '지속'은 본질적으로 잠재적 다양체를 정의한다(**본성에 있어 차이 나는 것**). 그다음에 '기억'은

---

43) MR, 1184, 260 참조. 개연성 개념이 베르그손의 방법에서 가장 큰 중요성을 갖고 있다는 점과, 직관이 내부성의 방법인 것 못지않게 외부성의 방법이라는 점을 우리는 떠올릴 수 있다.

이 다양체 속, 이 잠재성 속 모든 **차이의 정도들**의 공존인 것처럼 보인다. 끝으로 '생의 약동'은 정도들에 대응하는 **분화의 선들**에 따라, '생의 약동'이 자기 의식을 얻는 인간이라는 이 정확한 선에 이르는, 이 잠재의 현행화를 가리킨다.

영어판 후기

베르그손으로의 회귀[1]

"베르그손으로의 회귀"는 위대한 철학자에 대한 되살아난 찬미를 의미할 뿐 아니라, 오늘날 삶과 사회의 변형과 관련한, 과학의 변형과 병행한, 그의 시도의 재가동 혹은 연장을 의미하리라. 베르그손 자신은 형이상학을 세상에 끊임없이 나타나는 새로운 길을 계속 따라갈 수 있는 엄밀한 분과로 만들었다고 자평했다. 이렇게 이해한다면, 베르그손으로의 회귀는 세 개의 주요한 성격 위에 세워진 것 같다.

1. 직관

베르그손은 직관을 말로 표현할 길 없는 호소, 느낌을 통한 참여, 혹은

---

1) [옮긴이] 이 글은 본래 『베르그손주의』 영어판(*Bergsonism*, trans. Hugh Tomlinson, New York: Zone Books, 1991, pp. 115~118)의 후기로 작성된 것이며 "A Return to Bergson"이라는 제목으로 발표되었다. 이 글의 원문이 되는 들뢰즈의 타자 원고는 "Postface pour Le bergsonisme"(『베르그손주의』의 후기)이라는 제목의 글로, 1988년 7월 날짜가 붙어 있다. 이 책에 실린 번역은 새롭게 공개된 들뢰즈의 원문을 바탕으로 했으며 출전은 다음과 같다. Gilles Deleuze, "Postface pour l'édition américaine: Un retour à Bergson", *Deux régimes de fous: Textes et entretiens 1975-1995*, ed. David Lapoujade, Paris: Minuit, pp. 313~315.

살아 낸 동일시가 아니라 참된 방법으로 착상한다. 이 방법은 우선 문제들의 조건들을 규정하자고 제안한다. 말하자면, 이 방법은 가짜 문제 혹은 잘못 정립된 물음을 고발하고, 이런저런 문제가 반드시 이러저러하게 언표될 수 있도록 해주는 변수들을 발견하자고 제안한다. 직관이 채택한 수단은, 한편으로 주어진 영역에서 실재를 서로 다른 본성을 가진 선들을 따라 재단하거나 나누는 것이고, 다른 한편 다양한 영역에서 끌어온 서로 수렴하는 선들을 교차시키는 것이다. 이런 복잡한 선線 조작은 마디들을 따라 재단하고 수렴들을 따라 교차시키는 일을 하는데, 이 일은 답 자체가 문제 정립에 의존하는 그런 식으로 문제를 잘 정립하게 이끌어 준다.

2. 과학과 형이상학

베르그손은 과학이 공간, 견고한 것, 운동하지 않는 것에만 머무른다는 식으로 과학을 비판하는 데 그친 건 아니다. 오히려 그는 '절대'는 두 개의 "반쪽"을 가지며, 각각에 과학과 형이상학이 대응한다고 생각했다. 생각은 단일한 약동 속에서 두 길로 자신을 나누는데, 하나는 물질, 물질의 물체들 및 운동들 쪽 길이고, 다른 하나는 정신, 정신의 질들 및 변화들 쪽 길이다. 이렇듯 고대부터, 자연학은 운동을 특권화된 위치들 및 계기들에 관련시켰고, 한편 형이상학은 이러한 위치들이 유래하는 영원한 초월적 형상들을 구성했다.[2] 하지만 이와 반대로 이른바 근대 과학은 운동이 "임의의 순간"과 관련될 때 시작한다. 그것은 이제 내

---

2) [옮긴이] 자연(physis)을 다루는 학문인 physic이 '자연학' 혹은 '물리학'이며, 자연학에 후행하는(meta) 혹은 자연을 넘어선(meta) 영역을 다루는 학문인 metaphysic이 '형이상학'이다.

재적이며 부단히 변화하는 지속들만을 고려하는 새 형이상학을 호출한다. 베르그손에게 지속은 근대 과학의 형이상학적 상관물이다. 그가 『지속과 동시성』이라는 책을 써서 아인슈타인의 상대성이론과 대결했다는 건 잘 알려져 있다. 이 책이 많은 오해를 유발했다면, 그건 베르그손이 아인슈타인을 논박하거나 교정하려 했다고 여겨졌기 때문인데, 실제 베르그손은 상대성이론에다 그것이 결핍하고 있는 형이상학을 주려 한 것이었고, 이는 지속의 새로운 성격들에 힘입은 것이었다. 그리고 베르그손은 『물질과 기억』이라는 걸작에서, 그 역시 크게 기여한 뇌에 대한 과학적 착상에서 새로운 기억 형이상학의 필요성을 끌어낸다. 베르그손에게 과학은 결코 "환원주의적"이지 않고 오히려 형이상학을 요구하는데, 형이상학이 없다면 과학은 의미나 직관을 빼앗겨 추상적인 채로 남게 되리라. 오늘날 베르그손을 이어 간다는 건, 가령 뇌의 분자생물학이 발견한 새로운 흔적들, 소통들, 약동들, 역학들과 대응하는 생각에 대한 형이상학적 이미지를 구성한다는 것이다. 즉 생각 속에서, 새로운 연결들과 재연결들.

3. 다양체

『의식에 직접 주어진 것들에 관한 시론』 이래로 베르그손은 지속을 다양체, 다양체의 한 유형이라고 정의한다. 그것은 엉뚱한 단어다. 그것은 여럿을 형용사가 아니라 명사로 만들기 때문이다. 이렇게 그는 하나와 여럿이라는 전통적 주제를 가짜 문제라고 고발한다. 다양체 Multiplicité, 혹은 Variété 라는 단어의 기원은 물리-수학적이다(리만). 베르그손이 그 단어의 과학적 기원과 그 단어의 형이상학적 사용의 새로움을 둘 다 몰랐다고 믿긴 어렵다. 베르그손은 다양체의 두 주요 유형을 구별하는 데로 향한다. 이산적 혹은 불연속적 다양체와 연속적 다양체, 공간적 다양체와 시간적 다양체, 현행적 다양체와 잠재적 다양체. 이것이 아인슈타인과의 대결에서 근본 모티브이리라. 다시 말하지만, 베르그손은 다양체에 그것을 과학적으로 다룰 때 필요한 형이상학을 제공하려고 했다. 다양체들의 논리의 구성, 필경 이것이 그의 생각에서 가장 오해된 양상 중 하나다.

베르그손을 재발견한다는 건, 이 세 방향에서 그의 행보를 따라가고 추격한다는 것이다. 방법으로서의 직관, 엄밀한 과학으로서의 철학, 그리고 다양체들의 이론으로서 새로운 논리, 이 세 모티브를 현상학도 제시했다는 점에 유의해야겠다. 실로 이 관념들은 베르그손과 현상학 두 경우에 매우 다르게 이해되었다. 그렇지만, 베르그손주의가 민코프스키의 작업에 영감을 주고(『체험된 시간』)[3] 현상학이 빈스방거의 작업에 영감을 준(『수잔 우르반 사례』)[4] 정신의학에서 볼 수 있듯, 정신질환자들의 시간과 공간을 탐색하기 위해 그 둘 사이에 수렴이 가능하다. 베르그손주의는 지속의 병리학 전부를 가능케 한다. 베르그손은 "기시감"(오인)에 대한 모범적인 글에서, 매 순간 지속은 하나는 미래로 가고 또 하나는 과거로 다시 떨어지는 동시적인 두 경향성으로 자신을 나눈다고 이유를 대면서, 어떻게 회상이 현재 지각에 따라 자신을 구성하지 않고 오히려 현행 지각과 정확히 동시적인지를 보이기 위해 형이상

---

3) Eugène Minkowski, *Le temps vécu*, Neuchâtel: Delachaux & Niestlé, 1968[rééd., Paris: PUF, coll. 《Quadrige》, 1995].

4) Ludwig Binswanger, *Le Cas Suzanne Urban*, Bruges: Desclée de Brouwer, 1957.

학을 내세운다.[5] 또 그는 적응의 실패가 어떻게 회상이 그런 특정한 현재를 투자하는지 보이기 위해 이번엔 심리학을 내세운다. 베르그손한테서 과학적 가설과 형이상학적 논제는 온전한 경험을 다시 그려 내기 위해 부단히 조합된다.

---

5) Henri Bergson, *L'énergie spirituelle*, Paris: PUF. pp. 110~152.

옮긴이 해제

들뢰즈의 초기 베르그손주의[1]

1. 베일에 싸여 있는 초기 들뢰즈의 베르그손주의

'흄에 따른 인간 본성 시론'이라는 부제를 달고 1953년에 출판한 『경험주의와 주체성』 이후, 들뢰즈는 『니체와 철학』을 출판한 1962년까지 단행본을 출간하지 않았다. 그 후의 출판 이력을 보면 이례적인 침묵이다. 그렇다고 이 기간에 들뢰즈가 암중모색만 하고 있었던 건 아니다. 들뢰즈는 훗날 자신의 성숙한 철학이 자리할 중요한 기초를 닦고 있었으니, 그것은 바로 **베르그손을 활용한 변증법과의 대결** 그리고 그의 **존재론을 나름으로 전유하는 작업**이다.

변증법과의 대결이 가장 강하게 수행된 건 사실 『니체와 철학』에서지만, 그전에 이미 이 과업은 1956년 두 편의 베르그손 연구에서 우회적으로 하지만 아주 단호하게 전개되었다. 이를 통해 들뢰즈는 자기만의 철학을 구축할 수 있었다.

---

1) 이 해설 논문은 2020년 대한민국 교육부와 한국연구재단의 지원을 받아 수행된 연구임(NRF-2020S1A5B5A16082914).

들뢰즈는 1956년에 베르그손에 대한 두 편의 글을 발표한다. 하나는 메를로퐁티가 편집한 『유명한 철학자들』에 수록된 「베르그손 1859-1941」[2]이라는 짧은 글이며, 다른 하나는 『베르그손 연구』 4호에 발표한 「베르그손에 있어 차이의 착상」[3]이라는 비교적 긴 글이다. 이 두 편의 글은 10년 후인 1966년에 『베르그손주의』[4]로 확대 발전되어 출간된다. 하지만 앞의 두 논문과 뒤의 책 간에는 미묘하지만 중요한 차이들이 확인된다.

보라도리는 1956년의 논문들에 주목하면서 '베르그손'과 '니체'의 관계를 역전시키는 해석을 내놓는다.[5] 대다수 연구자는 1966년에 출간한 『베르그손주의』에 나타난 해석이 1962년에 출간한 『니체와 철학』의 영향 아래 있다고 보는 데 반해, 보라도리는 1956년의 논문들에 나타난 해석이 『니체와 철학』에 영향을 주었다고 본다. 하지만 보라도리의 주장은 『베르그손주의』와 1956년 논문들의 차이에는 별로 주목하지 않고 있다.[6]

---

2) Deleuze, Gilles (1956a), "Bergson 1859-1941", ed. M. Merleau-Ponty (1956), *Les philosophes célèbres*, Paris: Editions d'Art Lucien Mazenod, pp. 292~299. Deleuze (2002), *L'île déserte et autres textes: Textes et entretiens 1953-1974*, ed. David Lapoujade, Paris: Minuit, pp. 28~42에 재수록. 쪽수는 후자에서 참조.

3) Deleuze (1956b), "La conception de la différence chez Bergson", *Les études Bergsoniennes*, IV, pp. 77~122. Deleuze (2002), pp. 43~78에 재수록. 쪽수는 후자에서 참조.

4) Deleuze (1966), *Le bergsonisme*, Paris: PUF.

5) Borradori, Giovanna (1999), "On the Presence of Bergson in Deleuze's Nietzsche", *Philosophy Today*, 43; Borradori (2001), "The Temporalization of Difference: Reflections on Deleuze's Interpretation of Bergson", *Continental Philosophy Review*, 34, Springer.

6) 그 밖에 들뢰즈와 베르그손의 관계를 다룬 주요 문헌으로 다음의 것들이 있다. Alliez, Eric (1998), "On Deleuze's Bergsonism", *Discourse*, vol. 20, no. 3, Wayne State University Press; Lundy, Craig (2018), *Deleuze's Bergsonism*, Edinburgh University Press. 가장 최근의 논의까지도 1956년의 논문들과 『베르그손주의』의 차이에 대해서는 크게 주목하지 않는다

한편 1956년의 논문들을 다룬 국내 연구는 1편이 있는데,[7] 아쉽게도 들뢰즈의 작업을 충분히 해명하지 못한 상태에서 너무 빨리 들뢰즈에 대한 비판으로 이행한다. 이 점에서 국내에서 1956년의 논문들은 베일에 싸여 있다고 해도 무방하다.

본 논문에서 '초기 들뢰즈의 베르그손주의'라는 말로 지칭하는 것은 이상 3편의 길고 짧은 작업에 포함된 사상이다. 이 작업은 1968년에 출간된 『차이와 반복』에서 분석되는 '시간의 두 번째 종합'(과거)에서 결정적인 역할을 하지만, 더 중요하게는 과타리와 함께 쓴 『안티 오이디푸스』(1972)의 존재론과 역사철학의 바탕을 이룬다는 점에서, 정확히 이해되어야 한다.

본 논문은 들뢰즈가 베르그손의 사상에서 전유하는 핵심 사상을 『베르그손주의』의 흐름을 재구성하면서 해명하려 한다. 동시에 이 책에서 충분히 설명되지 않고 있거나 표명되지 않았지만 1956년의 두 논문에 이미 개진되어 있고, 훗날 들뢰즈 자신의 독창적 사상의 뼈대를 이루고 있다고 생각되는 내용을 징검다리로 보충함으로써, 『베르그손주의』만으로는 충분하다고 할 수 없는 '초기 베르그손주의'의 전모를 틀 잡아 보려 한다. 끝으로 『베르그손주의』에서 지워졌다가 훗날 다시 등장하게 되는 1956년의 논문들의 내용을 드러낼 것이다. 이를 통해 훗날 개진된 들뢰즈 자신의 독창적 사상을 해명하는 데 기초를 닦으려 한다.

는 점이 확인된다.

7) 최화 (2016), 「지속과 '차이의 존재론': 베르크손과 들뢰즈(II)」, 『철학사상』 61호, 서울대학교 철학사상연구소.

2. 베르그손의 변증법과 '가능성' 비판

변증법이 **언어**에 묶여 있다면, 베르그손은 **힘의 현실**을 적극 사고한다. 사실 '변증법'dialectique이라는 말은 어원상 '언어'를 전제하고 있고, 본래부터 '대화'dia+lect를 통해 사고의 발전을 도모했다. 변증법의 저 유명한 '모순'contradiction 개념도 언어적 사태일 뿐('언어의 어긋남')contra+dict이다. 모순은 존재적 사태가 아니다. 엄밀히 말하면 현실에 모순은 없다. 단지 기대와 어긋나게 벌어진 일이 있을 뿐이며, 그에 대한 심리적 부정이 있을 뿐이다.

베르그손이 변증법을 비판한 이유가 여기 있다. "구체적 현실의 거의 대부분에 대해 우리는 두 가지 반대되는 관점을 취할 수 있으며, 따라서 이것을 적대적인 두 개념에 포섭할 수 있다."[8] 물론 그렇다고 언어 밖으로 쉽게 나갈 수는 없다. 하지만 언어가 인류 진화 과정에서 형성된 많은 오류와 나란히 간다는 점을 인정한다면, 언어에 쉽게 기대는 것도 곤란하다. 관건은 언어와 현실을 대면시켜 끊임없이 개념을 가공하는 일일 것이다. 실제로 우리는 언어에서 시작할 도리밖에 없다. "철학이 다른 걸 이용할 순 없었으리라. 플라톤이나 아리스토텔레스 같은 철학자도 언어 속에 이미 만들어져 있는 현실의 재단découpage을 채용했다."[9] 그렇지만 변증법은 개념을 너무 헐겁게 사용한다. 그래서 들뢰즈는 이렇게 단언한다.

---

8) Bergson, Henri (1903), "Introduction à la métaphysique", *La pensée et le mouvant*, p. 198; Bergson (1959), *Œuvres*(édition du centenaire), Paris: PUF, p. 1408. 앞으로의 베르그손 작품 인용은 백 주년 판과 단행본의 쪽수를 병기.

9) Bergson (1922), "Introduction(deuxième partie)", *La pensée et le mouvant*, 1321, 87.

이 페이지들에서 표면화된 건 베르그손주의와 헤겔주의의, 나아가 그 어떤 변증법적 방법과의 양립 불가능성이다. 베르그손은 변증법이 **가짜 운동** 즉 추상적 개념의 운동이라고 비난한다. 변증법은 부정확함의 힘에 의해서만 한 대립물에서 다른 대립물로 간다는 것이다. (Deleuze 1966, 38)[10]

말하자면, 변증법은 현실의 운동과 무관하게 추상적 언어의 운동만 표현한다.

베르그손이 '가능'le possible 혹은 '가능성'possibilité 관념을 비판하는 건 바로 이 맥락이다. 그는 「가능과 실재」[11]라는 짧은 논문에서 아주 중요한 지적을 한다. "가능은 일단 실재le réel가 생산되었을 때 그것의 이미지를 과거로 되던지는 정신 행위가 **덧붙은** 실재다."[12] 이 상황을 베르그손은 이렇게 묘사한다. 한 작품을 어떤 천재가 일단 창조하고 난 다음에야 비로소 작품은 실재가 된다. 이런 현실적 창조가 먼저 있었다는 바로 그 점 때문에, 회고적으로 혹은 소급해서 그 작품은 '가능한' 상태가 될 수 있다. 그러나 실제 창조가 일어나기 전에 창조된 작품이 미리 가능했다고 하는 것은 이치에 닿지 않는다. "가능은 과거 속에 있는 현재의 신기루다."[13] 달리 말해, 가능이 이미 실존했다고 여기는 것은, 어떤 사람이 거울 앞에 서서 만약 자신이 거울 뒤에 있다면 거울

---

10) 들뢰즈의 강조.

11) Bergson (1930), "Le possible et le réel", *La pensée et le mouvant*.

12) Ibid., 1339, 110. 번역어와 관련해 한 가지 확인해 두자면, 본 논문에서 le réel은 '실재'로, réalité는 '현실'로 옮겼고, 형용사 réel은 맥락에 따라 '실제', '실재적', '현실적' 등으로 다양하게 옮겼다.

13) Ibid., 1341, 111.

속의 이미지를 만져 볼 수 있으리라고 공상하는 것과도 같다. 하지만 현실적으로는 내가 그 이미지의 원인이며, 이미지는 나의 실존이 전제되어야만 존재할 수 있다. "가능은 무엇인가가 덧붙어 첨가된 상응하는 현실을 내포한다. 왜냐하면 가능은 일단 나타난 현실과 그 현실을 시간을 거슬러 되던지는 조치가 결합한 결과이기 때문이다."[14] 이처럼 가능이 탄생하는 과정에서는, "시간을 거슬러 가면서, 현재에 의한 과거의 부단한 리모델링과 결과에 의한 원인의 리모델링이 속행되고 있다".[15] 가능성이라는 관념에는 일단 먼저 존재하는 현실, 그리고 이 현실의 '부정'이라는 논리적 '조작', 끝으로 이 조작에 특유한 심리적 동기가 더해져 있다. 따라서 "(저것도 똑같이 가능한 것이었을 때) 왜 저것이라기보다 이것인가?"라고 묻는 것은 파기되어야 할 **가짜 물음**에 불과하다.[16]

베르그손이, 그리고 이를 이어받아 들뢰즈가, '가능성' 관념을 비판하는 것은, '가능성'이 세계의 생성에 대해 힘의 관점에서 설명하기를 포기한 채 **언어와 논리의 관점**에서만 설명하기 때문이다. 가능성이란 상상적이고 논리적인 가능성일 뿐 현실이 아니다. 현재의 실상에서 뭐 하나만 변경하면 가능세계가 만들어진다. 이는 문법의 가정법 subjonctif, 접속법에서 잘 찾아볼 수 있다. 가정법은 이미 있는 사실의 반대를 표현하는 문법적 방식이다. 말하자면 가정법은 인간의 바람의 투사이며, 실은 반反사실적counter-factual 사태, 다시 말해 '현실에는 없되 있었

---

14) Ibid., 1341, 112.

15) Ibid., 1343, 114.

16) Deleuze (1966), 6~7 참조. 들뢰즈는 '가짜 물음'을 파기하는 것이 '진짜 물음'을 다루기 위한 베르그손의 중요한 정지 작업이었다고 평가한다.

으면 하고 소망하는 것'을 문법적으로 표현한 것이다. 따라서 그것은 실제로는 부정의 산물이다.[17]

3. 시간과 차이[18]

베르그손은 변증법과 가능성의 사고를 탈피하기 위해 어떤 길을 선택했을까? 베르그손은 부정과 독립해서 '본성의 차이'를 착상한다. "존재에는 차이들이 있지만, 그 어떤 부정적인 것도 없다. 부정은 언제나 너무나도 일반적인 추상적 개념들을 내포하고 있다"(Ibid., 41). 들뢰즈도 변증법의 **부정**을 비판하고 극복하기 위해 베르그손의 **차이**를 강조한다. "베르그손에서는 참된 시작, 거기서 출발해야 하는 참된 점을 찾으려는 이 배려가 언제나 발견되리라. … 차이가 참된 시작이다."(Deleuze 1956b, 71~72) 그런데 차이의 다른 표현이 바로 '지속'이다.

　텍스트를 분석하고 요약하기에 앞서, 들뢰즈가 베르그손에서 발견한 차이의 본성을 충분히 이해하는 것이 좋겠다. 일반적 이해에 따르면 차이는 객관적 '관찰자'가 두 개의 대상을 보며 비교하면서 파악한다. 하지만 이런 식의 '관점'은 문제가 많다. 프랑스어 différence, 즉 '차이' 혹은 '다름'은 주로 공간에서 이해되지만, 들뢰즈는 그것을 일차

---

17) 이런 부정이 생겨나는 이유에 대한 분석은 니체에 의해 가장 정밀하게 행해졌다. 니체는 "일어난 일"(Es war)을 돌이킬 수 없다는 의지의 낙담 때문에 현실의 부정이 있게 된다고 분석한다. "일어난 일은 돌이킬 수 없다"(what's done cannot be undone, 『맥베스』)는 것을 긍정하지 못하는 회한과 복수심 혹은 원한감정이 부정을 낳는다는 것이다. 그러나 이는 극복해 마땅한 "인간적인, 너무나 인간적인" 태도다. 인간이 대체로 그처럼 살아간다는 것과는 별도로, 이런 태도는 극복되어야만 한다는 숙제는 여전히 남는다.

18) 이 절의 둘째 문단 이하는 '김재인 (2021), 「들뢰즈의 세기와 '차이'의 철학」, 『문학인』 창간호, 소명출판'의 내용 일부를 논의 전개의 필요를 위해 요약하고 재구성한 것이다. 이 글의 몇몇 문단도 문맥에 맞게 재활용했음을 밝힌다.

적으로 시간에서 이해해야 한다고 강조한다.

시간은 비가역적으로 흐른다. 다시 말해, 한번 일어난 일은 돌이킬 수 없다. 이를 우주 전체로 확대해서 보자. 우주는 비가역적 시간의 흐름에 따라, 즉 과거에서 미래 쪽으로, 계속 자기 변전變轉한다. 이 변전의 과정을 추상하지 않는 한, 말하자면 우주가 정지해 있다고 억지로 공상하지 않는 한, 기준 공간(적어도 유클리드공간)은 성립할 수 없다. 운동을 정지시키지 않는다면 고정된 '기준점'은 있을 수 없으니 말이다. 우주 전체가 변하므로 기준점도 늘 변한다. 이것이 시간의 냉혹함이며, 모든 것의 발생 기원으로서 시간의 본질이다. 시간의 흐름은 우리가 받아들일 수밖에 없는 진실이다. 이 말은 시간의 흐름이 우리의 경험과 논의의 가장 바탕에 놓여야 한다는 뜻이다. 그에 따르면 존재의 차원에서는 그동안 우리가 자연스레 전제해 왔던 '동일성'이나 '같음'은 있을 수 없다. 시간의 흐름은 '변화' 혹은 '바뀜'을 함축하기 때문이다.

설사 불멸의 영혼 같은 것이 있다손 치더라도, 영혼이 비교하는 그 어떠한 객체도 동일성을 유지할 수 없다. 영혼은 앞 시점의 객체와 현시점의 객체를 지금의 '기억' 속에 나란히 놓고 비교할 뿐이다. 비교하는 순간에도 이미 객체는 저만치 달려가겠지만 말이다. 요컨대 객체는 기억 속에 다시 놓아야만 겨우 같은 것일 수 있다. re-present다시-제시함, 再現만이 동일성을 성립시킨다. 또는 동일성은 추상을 통해서만 성립한다.

더욱이 '불변'하는 영혼 따위는 없다. 영혼은 늘 무슨 일인가를 겪고 있다. 마치 바닷물에 이리저리 떠다니는 물방울들과도 같다. 변전하는 영혼은 객관적 관찰은커녕 자기 자신조차 관찰하지 못한다. 아니 자신의 존속마저 보장하지 못한다. 관찰자 자신이 끊임없이 바뀔진대, 객체에 대한 관찰은 성립할 수 없다. 우리가 평평한 백지 앞에 있어서, 그 위에 있는 두 기하학적 객체를 관찰하고 비교할 수 있다고 생각하는 것은 착각이다.

차이는 우주의 본성이며, 생성으로서의 우주 자신이다. 들뢰즈가 보기에 이런 사태를 가장 잘 파악한 철학자가 베르그손이다. 베르그손이 공간 말고 시간의 견지에서 생각하라고 했을 때, 그는 시간 속 차이를 파악해야 한다고 말한 것이다. 왜 우주가 시간적 존재인지 묻지 말아야 한다. 우리는 그저 진실을 받아들일 뿐이다. 우리가 분석할 수 있는 건 시간적 존재의 '생성의 논리' 혹은 '생산의 논리'다.

4. 지속과 기억, 혹은 존재론적 자연주의

베르그손에서 지속은 무엇보다도 차이, 차이의 운동, 자기 자신과 차이 나는 운동, 변질, 지속하는 생성, 실체 그 자체인 변화라고 규정된다. 1956년의 짧은 글에서 이 점은 간결하고 명료하게 표현된다. "존재는 변질이고, 변질은 실체다. 그리고 이것이 바로 베르그손이 **지속**이라 부르는 것이다. … 지속은 차이 나는 것 혹은 본성을 바꾸는 것이요, 질, 이종성, 자신과 차이 나는 것이다"(Deleuze 1956a, 33~34).[19]

우리는 흔히 '운동'을 공간에서 일어나는 장소 이동으로 생각하는 경향이 있다. 드문 예외가 아리스토텔레스다. 그는 운동을 '장소 이동' 말고도 '생물의 성장'과 같은 것으로 이해한다. 그러나 베르그손에게 운동은 장소 이동도 생물의 성장도 아니며, 오히려 무엇보다 시간 속

---

19) 들뢰즈의 강조. 또 Deleuze (1956b), 51~52; Deleuze (1966), 23, 29, 42~43, 94 등도 참조.

변질이다. 변질은 **하나의 실체의 변질**이며 그것 자체가 **현실적 시간**이다. 그리고 그것의 이름이 '지속'이다. "한 사물의 본질 혹은 실체와 하나일 따름인 이 변질이, 바로 우리가 그것을 '지속'의 견지에서 생각할 때 파악하는 그것이다"(Deleuze 1966, 23). 지속은 **자기 자신과 차이 나며 매 순간 본성이 변하는 하나의 실체**다.

자기 자신과 차이 나는 실체인 지속은 '과거를 자신 안에 포함하는 현재'이며, 플라톤 이래로 이런 특성은 '기억'이라 지칭되어 왔다. '지속'과 '기억'은 '차이' 개념을 해명하는 데 크게 도움이 된다. 지속이란 시간상의 어떤 점을 기준으로 삼아 그전부터 기준점까지 죽 이어져 왔다는 뜻이다. 그런데 일이 이처럼 지속해 왔다는 건 어떻게 알 수 있을까? 누군가 끊임없이 지켜봤다면 알 수 있을 것이다. 하지만 앞에서도 보았듯, 변전하는 우주에 그런 불변의 관찰자는 있을 수 없다.

유일한 예외가 있다면, 전체로서의 우주다. 우주는 그 언제부터 시작했는지 몰라도 지속하고 있다. 지속 개념에서 가장 중요한 건 '현재 안에 모든 과거가 다 담겨 표현되고 있다'라는 점이다. 가만히 돌이켜 생각하면, 우주의 존재 방식은 기억과 같다. 인간의 기억은 지금 담고 있는 과거 전체다. 잊었거나 변했더라도, 지금 우리에겐 기억밖에 없다. 현재 표현되는 기억 말고, 다른 과거란 없다.

기억에 대한 이런 인간적 서술은 우주에도 그대로 적용될 수 있다. 우주는 직전 순간의 우주에서 왔음에 틀림없고(다른 데서 올 수는 없으므로), 그 우주 역시도 그 직전 순간의 우주에서 왔고, 이런 소급은 무한히 계속된다. 무에서는 어떤 것도 나오지 못한다. 분명한 건, 우주가 그 직전 순간의 우주에서 왔다는 사실뿐이다. 우주 속 개별 존재 하나를 꼭 집어서 그것이 지속한다고 말할 순 없겠지만, 전체로서 우주가 지속해 왔고 또 지금도 지속하고 있다는 건 아무도 문제 삼지 못할 것이다. 바로 이 점 때문에 베르그손과 들뢰즈는 엄밀한 의미에서는 우주만이 '실체'이고 '주체'라고 말한다. 이 실체는 끝없이 변질하는 실체다. 이 주체는 부단히 자기 변신하는 주체다.

이렇게 해서 기억은 이제 심리학적인 것을 넘어 존재론적인 것으로 확장되었다.

우리는 존재로, 즉자적 존재로, 과거라는 즉자적 존재로 진짜로 도약한다. 관건은 심리학에서 떠나는 것이다. 기억 너머의 '기억' 혹은 존재론적 '기억'이 관건이다. (Ibid., 52)

여기서 **존재론적 기억**이라고 했을 때, 그것이 지칭하는 바는 "우주의 집합"이다. "모든 일은 마치 우주가 엄청난 '기억'인 양 일어난다"(Ibid., 76). 이는 "우주적 '기억'"(Ibid., 117)이라고 묘사되기도 한다. 그리고 이 우주 전체 혹은 우주적 기억은 '전체'tout라고 불린다. "전체는 에너지의 변화, 긴장의 변화이며, 그 밖의 다른 무엇도 아니다"(Deleuze 1956a, 40). 또, "베르그손의 철학은, 전체는 긴장과 에너지의 변화이며 그 밖의 다른 무엇도 아니라는 **우주론**에서 완성된다"(Deleuze 1956b, 67). 사실이지, 앞에서 베르그손이 '하나의 실체'를 언급했을 때, 그것이 **우주 전체**를 가리키는 게 아니라면 도무지 이해할 도리가 없다. 왜냐하면, 다른 무엇과 비교해서 차이 나는 게 아닌 자기 자신과 차이 나는 것, 스스로 변질되고 변하면서도 하나의 실체로 머무를 수 있는 것은, 앞에서 지적했듯 오직 시간의 흐름과 더불어 존속하는 전체 우주 말고는 떠올릴 수 없기 때문이다.

베르그손의 이 모든 착상에서 중요한 건 심리학 혹은 **인간주의**를 벗어나는 일이었다.

우리[인간]의 조건이 우리를 잘못 분석된 복합물 속에서 살게 하고 우리 자신을 잘못 분석된 복합물이게 하는 한, 우리를 **비인간적인 것**과 **초인간적인 것**(우리의 지속보다 열등하거나 우월한 **지속들**…)으로 열어 주는 것, 인간 조건을 넘어가는 것, 이것이 철학의 의미다. … **존재론**이 가능함이 틀림없다. (Deleuze 1966, 19, 44)[20]

들뢰즈는 여기서 "심리학을 넘어선 범위"(Ibid., 50)가 강조되지 않으면 모든 것이 의미를 잃게 될 것이라고 주장한다. 이 작업은 "우월한 경험론"(Ibid., 22)을 구성한다. 사실 베르그손이 변증법에서, 혹은 칸트와 헤겔에서, 비판하고자 했던 중요한 논점 중 하나는, 저들이 '실제 경험의 조건'에 대한 탐구가 부족했다는 점이었다. "모든 **가능한** 경험의 조건들로서의 조건들이 아니라 **실제** 경험의 조건들로서의 조건들로 올라가야만 한다"(Deleuze 1956b, 49).[21] 조건을 탐구하는 데 있어 칸트와 헤겔은 여전히 '가능성'의 수준에 머물렀다는 것이다. 가능성이 아니라 차이에 대해, 나아가 지속과 존재론적 기억을 탐구해야 했다.

이처럼 심리학적 지속을 넘어선 존재론적 지속은 베르그손한테서 '무의식'이라는 이름을 얻는다. 하지만 이 무의식은 **프로이트의 무의식 개념과 구별**된다. 그것은 "의식 바깥의 심리적 현실"이 아닌 "비심

---

20) '지속들'은 들뢰즈의 강조.
21) Ibid., 17 참조.

리적 현실, 즉 즉자적으로 있는 그런 존재"를 가리킨다(Deleuze 1966, 50).[22] 프로이트의 무의식 착상과의 차이는 이미 1956년의 논문에서 더 분명하게 지적된 바 있다.

베르그손은, 프로이트와는 다른 방식으로 하지만 또한 깊게, 기억은 장래avenir의 기능이라는 것을, 기억과 의지는 같은 기능이라는 것을, 기억을 담당할 수 있는 존재만이 자신의 과거에서 탈피하고 이탈하여 그것을 반복하지 않고 새로움을 만들 수 있다는 점을 보여 주었다. 이처럼 **"차이"라는 말은 존재하는 개별과 자신을 만드는 새로움**을 동시에 지칭한다. (Deleuze 1956b, 63)[23]

들뢰즈의 평가에 따르면, 이렇게 심리학을 넘어선 존재론은 "존재론적 **'자연주의'**"(Deleuze 1966, 95)를 구성한다.

지속은 능산적 자연nature naturante과 같고 물질은 소산적 자연nature naturée과 같다. 정도의 차이들은 '차이'의 가장 낮은 정도다. 본성의 차이들은 '차이'의 가장 높은 본성이다. 이제 본성과 정도들 사이에는 어떤 이원론도 없다. 모든 정도들은 같은 '자연' 속에 공존하며, '자연'은 한편으로 본성의 차이들 쪽에서 다른 한편 정도의 차이들 쪽에서 자신을 표현한다. 이것이 일원론의 계기다. 모든 정도들은 유일한 '시간' 속에서 공

---

22) 훗날 『안티 오이디푸스』의 무의식 개념은 바로 이 베르그손의 무의식 개념을 발전시킨 결과물이다.

23) 들뢰즈의 강조.

존하며, 이 '시간'이 본성 그 자체다. (Ibid., 94~95)

우리는 nature, 즉 같은 단어인 '본성'과 '자연' 사이의 동일성에 주목하면 좋겠다. 어원상으로도 자연physis, natura은 스스로 자라고 생장하는 식물, 즉 자기 생성을 가리키는 말이다. 따라서 '본성의 차이'라는 표현은 '자기 자신과 차이 나는 것'으로 풀이되었다고 해석할 수 있다. 결국 베르그손의 지속 혹은 우주적·존재론적 기억은 '자연'을 가리키는 다른 표현이다. 그래서 스피노자의 용어인 '능산적 자연'이 지속을 가리키는 개념으로 등장할 수 있었다. 또 그 귀결로 **자연의 일원론**이 등장한다.

우리 의식, 생물들, 물질세계 전체를 포함해 모든 것이 참여하는 유일한 시간, 유일한 지속만이 있으리라. 이제, 독자들에게는 놀랍게도, 베르그손은 이 가설을 가장 만족스러운 것으로 제시한다. **하나이고 보편적이고 비인간적인 유일한 '시간'**un seul Temps, un, universel, impersonnel. 요컨대, 시간의 일원론…. 더 놀라운 건 없어 보인다. (Ibid., 78)[24]

여기서 말하는 '일원론'은 실체와 주체인 지속, 혹은 능산적 자연인 우주 전체를 염두에 두어야 이해될 수 있다.

5. 잠재의 현행화, 주체
우리는 지금까지 우주 전체인 지속이 자기 자신과 차이 난다는 것을

---

24) 들뢰즈의 강조.

보았다. 그런데 이 '자기 자신과의 차이'는 도대체 어떤 성격을 지니는 걸까? 아니 그보다도, 그런 차이 발생은 어떻게 벌어질 수 있는 걸까? 따라서 다음과 같은 물음이 제기된다. "지속은 어떻게 **이 능력**pouvoir을 지니는가? … 존재가 사물의 차이라면, 사물 자체에는 어떤 결과가 생기는가?"(Deleuze 1956a, 34).[25] 이 물음은, 어째서 존재가 다음 순간에도 소멸하지 않으면서 거듭 자신을 이어 갈 수 있을까, 하는 오랜 물음이기도 하다. 이건 그야말로 '지속' 자체의 가능성에 대한 물음이다.

> 각각의 계기마다 모든 것은 순간적이며 무한히 나눌 수 있는 **연속체** 속으로 펼쳐지는 경향이 있는데, 이 **연속체**는 다른 순간으로 자신을 연장하지 않지만, **다음 순간 부활하기 위해 항상 재개되는 점멸 혹은 전율 속에서 죽으리라.** (Deleuze 1966, 89)[26]

존재의 지속은 어떻게 가능할까? 생성의 계속은 어떻게 가능할까? 지금 베르그손은 철학사의 오랜 물음과 직면하고 있다. 하지만 베르그손은 '가능성'이 가짜 관념임을 충분히 강조했다. 그렇다면 그는 이 문제를 어떻게 해명할까?

세계는 있다. 있다는 건 있기를 그치지 않는다는 뜻이다. 만일 있기를 그친다면 세계는 '단적인 없음'의 상태로, 필경 상태라고 부를 수

---

25) Deleuze (1956b), 54; Deleuze (1966), 103 참조.

26) '연속체'는 들뢰즈의 강조. 이 구절은 거의 똑같은 의미로 『안티 오이디푸스』에 등장한다. "'생산하기', '생산물', '생산물과 생산하기의 동일성'… 바로 이 동일성이 선형 계열 속에서 제3항을, 즉 미분화(未分化)된 거대한 대상을 형성한다. 모든 것이 한순간 정지하고, 모든 것이 응고된다(그다음에 모든 것이 재개된다)." Deleuze, Gilles and Guattari, Félix (1972), *L'Anti-Œdipe: Capitalisme et schizophrénie*, Paris: Minuit, p. 13.

조차 없는 절대적 무로 사라질 것이다. 세계의 이와 같은 존속을 설명하기 위한 '초월적인' 방식의 대표적인 예는 데카르트의 '영원 진리 창조론'에 등장한다. 데카르트는 두 번째 『성찰』에서 다음과 같은 의문을 던진다.

> 오직 생각만은 나로부터 떼어 놓을 수 없으며, '나는 있다, 나는 실존한다'라는 것은 확실하다. 그러나 얼마나 오랫동안 확실한 걸까? 그것은 내가 생각하는 동안은 확실하다. 왜냐하면 **내가 생각하기를 멈춘다면 동시에 있거나 실존하기도 멈추고 말 것이기 때문이다.** (Descartes AT IX, 21)

그러면 내가 생각하기를 멈추는 동안에도 있기를 멈추지 않기 위해선 뭐가 필요할까? 『방법서설』에 나오는 다음 진술은 이 질문에 대한 답으로 이해되어야 할 것이다.

> 세계 안에 어떤 물체나 지성적인 것들 혹은 다른 본성들이 있다면, **이들의 존재는 신의 힘에 의존하지 않으면 안 되고 신 없이는 한순간도 존속할 수 없다고** 생각했다. … 신이 지금 이 세계를 보존하는 작용은 이 세계를 창조한 작용과 완전히 똑같은 것임이 확실하다. 신이 애초에 그저 혼돈의 형태만을 이 세계에 주었다고 하더라도, 그가 세계에 자연의 법칙을 세우고 통상적인 방식으로 작용하도록 협력하고 있다면, 우리는 창조의 기적을 손상함이 없이도 오직 이로써 모든 물질적인 것은 시간의 과정에서 우리가 지금 보고 있는 그대로 되었다고 생각할 수 있다. (Descartes AT VI, 36)

요컨대 세계가 있기를 멈추지 않으려면 신의 지속적인 창조 활동이 있어야 한다. 우리가 이를 '초월적인' 방식이라고 부른 건, 데카르트가 신의 존재를 요청함으로써 문제에 답하려 했지만, 신의 존재에 대한 증명은 여전히 부담으로 남아 있기 때문이다. 요컨대 세계의 존재는 확보되었지만, 그걸 가능케 한 신의 존재는 세계의 지평에 여전히 유예된 채 머물러 있다.

반면 베르그손이 이 물음에 답하기 위해 착상한 개념이 바로 '잠재'le virtuel 혹은 '잠재성'virtualité이다. 베르그손은 지속에 **"자신을 병합할 수 있는 능력"**le pouvoir de s'englober elle-même(Deleuze 1966, 80)을 부여하는데, 바로 이 능력이 '주체적인 것' 혹은 '잠재'라고 규정된다. 1956년 논문에서 들뢰즈는 다음과 같이 해석한다.

> 지속, 즉 나눌 수 없는 것은 정확히는 자신을 나누지 않게 하는 것이 아니라 오히려 자신을 나눌 때 본성을 바꾸는 것이며, 이렇게 본성을 변하는 것이 잠재 혹은 주체적인 것le virtuel ou le subjectif을 정의한다.
> (Deleuze 1956b, 54)

10년 뒤에 출판한 『베르그손주의』에는 '잠재성'이 갖는 '주체'의 측면은 거의 언급되고 있지 않다. 별다른 설명 없이 다음 표현이 등장할 뿐이다. "주체적인 것 혹은 지속은 **잠재적**이다."[27] 반면 1956년의 두 논문에서는 이 점이 명시적으로 언급되었다는 점에서 충분히 주목할 만

---

27) Deleuze (1966), 36. 들뢰즈의 강조. 또 다음 표현도 참조. "수적이지 않은 다양체(multiplicité)에 의해 지속 혹은 주체성이 정의된다." Ibid.

하다. 먼저 짧은 논문에서는 이렇게 진술되고 있다. "과거는 즉자, 무의식, 혹은 베르그손 말처럼 바로 잠재다"(Deleuze 1956a, 39). 그런데 베르그손한테서 "지속은 잠재 혹은 **주체적인 것**으로 제시되고 있었다"(Ibid., 37~38). 한편 긴 논문에서는 더 구체적으로 이렇게 언급된다. "서로 대립하며, 본성상 차이 나는 것은 바로 경향성들이다. 경향성이 **주체다**"(Deleuze 1956b, 48). 여기서 주체라는 표현은 아무 오해의 여지도 없다. 그것은 '능산적 자연'의 측면, 즉 **자기를 생산하는 자**로서 주체라고 부를 수밖에 없다. 그렇다고 주체의 상관항인 대상은 별도로 있지도 않다. 주체의 생산물이 곧 대상이며, 말하자면 '소산적 자연'이다. 말하자면 **주체란 지속이 자신을 병합할 수 있는 능력**이다. "지속, 즉 경향성은 자신과 자신의 차이다. 그리고 자신과 차이 나는 것은 **직접적으로 실체와 주체의 통일**l'unité de la substance et du sujet이다"(Ibid., 52).[28]

'잠재성' 혹은 '잠재'는 힘을 뜻하는 라틴어 vis에서 유래했고, 통상 아리스토텔레스의 dynamis의 번역어 중 하나로 사용되곤 한다. 들뢰즈는 베르그손이 '가능성'이라는 관념과 범주를 거부하면서도 그와 동시에 '잠재성' 개념을 최고의 지점까지 이르게 한다고 놀라움을 표한다.[29] 따라서 우리는 '가능성'과의 차이에 주의하면서 '잠재성' 개념을 잘 이해해야만 한다. 앞서 보았듯, '가능성'은 어디까지나 **논리적** 가능성일 뿐으로, 존재가 아닌 언어 수준에서만 성립한다. 반면 잠재성은 **물리적** 수준에서, 존재 수준에서 '힘'과 관련되어 있다.

이와 관련해, 우리는 들뢰즈가 '잠재성' 개념을 아주 세밀하게 규

---

28) '직접적으로'는 들뢰즈의 강조.
29) Ibid., 37, 99 참조.

정하는 다음 대목을 참조할 수 있다.

하나이고 단순한 이 '잠재'의 본성은 무엇일까? … "잠재"는 적어도 두 가지 관점에서 "가능"과 구별된다. 실제로 어떤 관점에서 가능은 현실réalité의 반대이며, 현실에 대립한다. 하지만 완전히 다른 지평에서 잠재는 현행現行, l'actuel에 대립한다. … 가능은 (비록 현행성을 가질 수는 있지만) 현실을 갖고 있지 않다. 역으로 잠재는 현행적이지는 않지만, **그 자체로 현실을 소유하고 있다.** … 다른 한편, 다른 관점에서 보면, 가능은 자신을 "실현"하는 (혹은 실현하지 않는) 그것뿐이다. … 잠재는 자신을 실현하는 게 아니라 자신을 현행화s'actualiser해야 한다. … 자신을 현행화하기 위해 잠재는 제거 혹은 제한에 의해 진행할 수 없으며 정립적 행위들actes positifs 속에서 자기 고유의 현행화 선들을 **창조**해야만 하기 때문이다. … 현행화 과정에서 일차적인 것은 차이다. 출발 지점인 잠재와 도달 지점인 현행들 사이의 차이, 또 현행화가 일어나는 보완선들 사이의 차이. (Deleuze 1966, 99~100)[30]

이 규정에서 몇 가지 점을 주목하면 좋겠다.

우선 '가능'은 적절한 조건에 따라 자신을 실현réalisation하거나 실현하지 않는다고 이야기된다. 하지만 앞서 보았듯 가능은 일단 만들어진 현실의 회고적 투사에 불과하므로 이 '실현'은 상상 속에서 일어나는 것일 뿐, 현실의 운동과는 무관하다. 이 점에서 가능은 실재 혹은 현실의 반대다.

---

30) 들뢰즈의 강조.

일단 만들어진 실재에서 가능을 추상했기 때문에, 가능은 불모의 분신처럼 실재에서 자의적으로 추출한 것이다. 이렇게 되면 차이의 메커니즘도 창조의 메커니즘도 전혀 이해하지 못하는 셈이다. (Ibid., 101)

이 점에서 '가능의 실현'은 현실의 운동과 상관없으며, 다른 개념이 요청될 수밖에 없다.

반면 베르그손은 '잠재'를 '현행'과 대립시킨다. '가능의 실현'을 대신해서 '잠재의 현행화'가 착상된 것이다. 이 대립에서는, 현행은 '현재 드러나 있음'을 가리키는 한편 잠재는 '힘이 있으나 그 힘이 지금 드러나 있지는 않음'潜勢을 지칭한다는 점이 중요하다.[31] 밤중에 칠흑 같은 도로를 달리는 자동차 불빛에 드러난 것이 현행이라면, 그 와중에 드러나지 않은 우주 전체가 잠재라고 말할 수도 있겠다.[32] 지금 순간 우주는 '현행적'이지만, 직전 순간들의 우주와 직후 순간들의 우주는 '잠재적'이다. 이 점에서 우주는 '현재 순간의 현행성'은 물론이거니와 '과거에서 현재로의 우발적 도약' 및 '장래에서 현재로의 우발적 도래'라는 이중적 잠재성도 지닌다.

'잠재'와 '현행' 둘 다 '실재' 혹은 '현실'이다. 요컨대, 베르그손에서, 그리고 들뢰즈에서, 실재 혹은 현실은 잠재와 현행의 공존이다(물론 단순한 더하기라는 의미는 전혀 아니다). 잠재는 자신을 현행화actualisation함으로써 현행으로 생성한다. 이 현행화는 생물학적 의미의

---

31) 『안티 오이디푸스』의 용어로는 '현행'은 '부분대상'과, '잠재'는 '기관 없는 몸'과 대응된다.
32) 다음을 참조. "닫힌 자동차 한 대가 고속도로를 주파하는데, 이 차의 헤드라이트만이 고속도로를 비추고 있고, 차의 앞 유리창 위로 아스팔트가 전속력으로 연이어 지나간다." Deleuze (1988), *Le pli: Leibniz et le baroque*, Paris: Minuit, p. 168.

'분화'différenciation라고도 불리고, 때때로 '실효화'實效化, effectuation라고도 불린다. 잠재의 현행화는 '정립적 행위들'을 통해 자기에게 고유한 '현행화의 선들'을 '창조'해야만 이루어진다. 말하자면 **잠재는 자신의 힘을 밀어붙임으로써 새로운 현행들을 정립하고, 새로운 현행들을 창조하는 방식으로만 실재**한다. "이제 잠재는 절대적으로 정립적인 실존 양태를 정의한다. 지속, 그것은 잠재다"(Deleuze 1956b, 62). 그리고 이 점에서 잠재는 주체이다. 능산적 자연으로서 잠재는 소산적 자연으로서 현행으로 자신을 밀고 간다. 1956년의 논문은 이렇게 잠재가 주체라는 점을 분명히 보여 준다.

앞에서 우리는 잠재의 현행화가 생물학적 분화의 모델을 빌려 왔다고 지적했다. 하지만 '생'une vie, a life, 삶은 생물학적 개념에 갇히지 않는다. 생은 유기체에 갇혀 있지 않으며, 그래서 들뢰즈는 종종 '비유기체적 생' 혹은 '우주적 생'이라고 표현한다. 이것이 들뢰즈가 베르그손한테서 전유한 '생명론'vitalism이다.[33]

> 그런 차이는 생명적**이다**. 설사 그 개념 자체가 생물학적이지는 않지만 말이다. 생, 그것은 차이의 과정이다. … 분화는 하나의 작용action, 하나의 실현이다. 자신을 분화하는 것은 **무엇보다** 자신과 차이 나는 것, 말하자면 잠재다. (Ibid., 54, 60)[34]

---

33) 이 생명론은 종래의 형이상학적 생기론(生氣論)과 철자만 같을 뿐, 의미는 아주 다르다. 생기론이 기계론(mechanism)과 대립한다면, 생명론은 기계주의(machinism)와 동의어다. 기계주의는 우연과 우발마저 긍정한다. 우연과 우발의 강조는 본 논문 6절에서 강조될 것이다. 『안티 오이디푸스』와 『천 개의 고원』의 기계주의는 이 내용의 정교화다.

34) 들뢰즈의 강조. 또 이 인용에서 '실현'은 『베르그손주의』에서 '현행화'를 가리킨다. 1956년의 글들은 아직 충분히 정련되지 않은 초기 들뢰즈의 용어법의 혼란을 보여 준다.

우주라는 주체는 바로 직전 순간의 우주에서 '모든' 걸 물려받는다. 우주 밖으로 빠져나간 것도, 우주로 침입한 것도 없다. 우주에 바깥은 없기 때문이다. 존재 바깥은 무다. 즉 존재 바깥엔 아무것도 없다. 그렇다고 이 우주는 유한한 집합ensemble도 아니다. 오히려 베르그손이 강조하는 것처럼 우주는 열린 전체다. 열려 있다는 건 우연과 우발이 필연적으로 개입한다는 뜻이다. 즉 직전 순간에 없던 새로움이 생겨날 수 있다. 이것은 진정한 탄생이다. 이런 열린 전체의 측면이 '잠재'다.

6. 역전된 인과: 창조, 우연과 우발

더 나아가 현행화 혹은 분화는 '생의 약동'élan vitale이라는 명칭을 부여받는다. 다음 인용은 '생의 약동'을 설명하고 있으며, 나아가 그것과 지속, 잠재, 현행화, 분화 등의 관계를 종합적으로 서술하고 있다. 이런 서술은 『베르그손주의』에서는 찾아볼 수 없다.

> 베르그손은 어떤 기계론에 맞서, 생명적 차이는 **내적** 차이임을 보인다. 하지만 또한, 그는 내적 차이는 단순한 **규정**으로 착상될 수 없음을 보인다. … 생명적 차이는 규정이 아닐 뿐 아니라, 오히려 그것은 규정의 반대이고, 더 잘 표현하자면 미규정 자체이리라. … 베르그손에서 예견 불가능한 것, 미규정인 것은 우연적인 것이 아니다. 반대로 그것은 본질적인 것이며, 우연의 부정이다. … 생과 관련해서, 바꾸려는 경향성은 우연적이지 않다. 더욱이 변화들 자체도 우연적이지 않다. 생의 약동은 "변화들의 깊은 원인이다". 이 말인즉슨, 차이란 규정이 아니라 그것이 생과 맺는 본질적 관계 속에서 분화라는 뜻이다. … 분화는 우선 그리고 무엇보다 **생이 자기 안에 담고 있는 내적 폭발력**에서 온다. …

잠재성은 자신을 분해하면서 자신을 실현하는 그런 방식으로, 자신을 실현하기 위해 자신을 분해하도록 강제하는 그런 방식으로 실존한다. 자신을 분화한다는 것, 그것은 자신을 현행화하는 잠재성의 운동이다. (Ibid., 55~56)[35]

이 구절들에서 특히 지속 혹은 잠재가 **자신 안에 담고 있는 어떤 힘, 내적 폭발력**에 주목하는 것이 좋겠다. 베르그손은 지속과 잠재를 같다고 말하는데, 잠재성은 내적 폭발력이 있다는 것이다. 앞에서 잠재성이 주체라고 말했던 것도 바로 이 폭발력 때문이었다. 이 내적인 힘은 지속 바깥에 있지 않다. 이 힘은 **외부적 규정**과는 상관없으며, 따라서 **초월적 원인**이 아니다. 이제 유일한 **내재적 원인**, 내적 동력은 지속 자신의 폭발력, 자신을 현행화하고 분화하려는 힘이다. 들뢰즈가 나름의 존재론을 구성하면서 베르그손을 깊이 참조하고 있다면, 지속의 온전히 내재적인 원리 때문이었다.

　이제 잠재의 또 다른 중요한 특성이 확인되는데, 그건 '전체'로서의 성격이다. 앞서 보았듯, 그것은 '열린 전체'다.

지속의 '전체'가 있으리라는 건 확실하다. 하지만 이 전체는 잠재적이다. 그것은 발산하는 선들을 따라 자신을 현행화한다. 하지만 정확히 말해 이 선들은 그 자체로 보면 전체를 형성하지 않으며 그것들이 현행

---

35) '내적'과 '규정'은 들뢰즈의 강조. 한편 '실현'은 『베르그손주의』의 '현행화'를 가리킨다. 또 다음 구절들을 참조. "분화는 … 더 심오하게는 지속이 **자신 안에 담고 있는 어떤 힘**에서 온다." Deleuze (1956a), 37. "지속이 자신을 분화하는 것은 **자신 안에서, 내적 폭발력에 의해서다**." Deleuze (1966), 97.

화하는 것과 유사하지 않다. (Deleuze 1966, 109)

잠재가 전체라는 점은, 앞에서 지속이 "이 **유일한** '시간'"으로 제시된다는 점에서도 암시되어 있다.[36] 그런데 이 전체는 부분들의 총합이라는 형태로 주어지지 않는다. 단순한 더하기가 아니기 때문이다. 부분들은 현행을 가리킬 뿐이며, 따라서 현행의 총합으로서의 전체는 잠재와는 상관없다.

> 베르그손에 따르면, '전체'라는 말은 의미가 있지만, 현행적인 무언가를 가리키지 **않는다**는 조건에서만 그렇다. 그는 '전체'는 주어지지 않는다는 것을 끊임없이 환기한다. 전체의 관념이 의미가 없다는 뜻이 아니라, 전체의 관념은 잠재성을 가리킨다는 뜻이다. 현행적 부분들은 자신을 전체화할 수 없으니 말이다. (Ibid., 95)[37]

그렇다면 전체로서의 잠재가 주어져 있지 않으며, 나아가 주어질 수조차 없다는 사실은 왜 중요할까? 이 물음에 대한 답은 1956년 논문에서 제시되어 있다. 잠재는 내적 힘을 폭발시켜 현행을 끊임없이 생산하고 있다는 점에서 중요하다. 가능이라는 관념이 비판된 것도, 그것이 외적인 힘, 외부 원인, 혹은 초월적 원리를 끌어들이기 때문이기도 했다. 여러 가능한 것 중에서 왜 하필 이것이 실현되었는지 물을 때, 초월성이

---

36) Ibid., 95. 또한 Ibid., 83 참조.
37) 들뢰즈의 강조. 또 다음을 참조. "'전체'는 잠재적일 뿐이며, 현실태(acte)로 이행하면서 자신을 나누기 때문에 생물은 다른 식일 수 없다. 또 생물은 서로의 외부에 머물러 있는 '전체'의 현행적 부분들은 모을 수 없다. '전체'는 결코 '주어지지' 않는다." Ibid., 108.

개입할 틈이 생기는 것이다. 자신이 한 것이 아니라면 남이 한 것일 테니까.

> 전체가 주어져 있지 않다는 것, 그것이 시간의 현실이다. 하지만 이런 현실은 무엇을 뜻하는가? 그것은, 주어진 것은 그것을 발명 혹은 창조하는 운동을 가정한다는 것, 동시에 이 운동은 주어진 것의 이미지에 따라 착상되어서는 안 된다는 것을 뜻한다. 베르그손이 **가능**이라는 관념에서 비판하는 것은, 이 관념이 생산물의 단순한 전사轉寫, décalque를 우리에게 제시한다는 점, 그다음으로 생산의 운동 위에, 발명 위에 투사된 혹은 차라리 역투사된 전사를 제시한다는 점이다. 하지만 잠재는 가능과 같지 않다. 시간의 현실, 그것은 궁극적으로는 자신을 실현하는 잠재성의 긍정이며, 자신을 실현하기 위해서 그것은 발명한다. 전체가 주어지지 않는다고 해도, 잠재가 전체라는 점은 남아 있기 때문이다. (Deleuze 1956a, 41)[38]

잠재가 전체지만 전체는 주어져 있지 않다는 주장은 이제 마지막 의미를 얻는다. 현행화 혹은 분화는 진정한 발명과 창조의 운동이라는 점이 그것이다.

> 현행화와 분화는 진정한 창조. '전체'는 그것이 자신을 현행화할 때 따르는 발산하는 선들을 **창조**해야만 하며, 그것이 각 선 위에서 이용하는 비슷하지 않은 수단들을 **창조**해야만 한다. 생은 방향 없이 작동하지

---

38) 들뢰즈의 강조. '실현'은 『베르그손주의』의 '현행화'를 가리킴.

않기에, 합목적성은 있다. 하지만 이 방향들은 이미 만들어진 채 미리 실존하지 않으며 방향들 자체가 그것들을 주파하는 현실태를 "따라가며" 창조되기 때문에, "과녁"은 없다. 현행화의 선 각각은 잠재적 층위에 대응한다. 하지만 매번 그 선은 이 대응의 형태를 발명해야 하며, 뒤섞여 있던 것을 구별할 수단을, 그저 감싸여 있던 것을 전개할 수단을 창조해야 한다. (Deleuze 1966, 110~111)[39]

여기서 '합목적성'과 '과녁 혹은 목표'의 차이에 유념하자. 생에 합목적성이 있다면, 그건 끊임없는 분화와 발산을 향한다는 사실 자체다. 그렇지만 정해진 '과녁'을 향한다는 뜻은 아니다. 이 점에서 '합목적성은 있지만 과녁은 없다'라는 말을 잘 이해해야 한다.

차이가 사물 자신이 되었을 때, 사물이 어떤 목적에서 자신의 차이를 받는다고 말할 여지는 더는 없다. 이처럼 베르그손이 본성의 차이에 대해 행한 착상 덕에 그는 플라톤과 반대로 합목적성에 대한 참된 의뢰를 피할 수 있었다. (Deleuze 1956b, 58)

이처럼 진정한 발명과 창조의 운동을 추동하는 목표가 미리 있는 게 아니다. 그 운동은 엄밀한 의미의 목적성, 인과성, 가능성 등의 개념과 범주를 넘어선다. 『베르그손주의』는 이에 대해 언급하는 바가 없다. 반면 1956년의 두 논문은 결론에서 이 점을 강조한다. 훗날 자신의 존재론을 구성하는 데 중요한 역할을 할 생각의 단초를 초기 논문들에서

---

39) 들뢰즈의 강조.

확인하는 건 대단히 흥미롭다. 지면의 한계 때문에 들뢰즈 본인의 철학에서 수행하는 역할에 대한 자세한 분석을 후일로 미루되, 여기서는 해당 구절들을 번역해 드러내는 것으로 아쉬움을 달래겠다.

1) 새로운 것, 예견 불가능한 것, 발명, 자유 등에 대한 참된 축가. 거기에 철학의 포기는 없으며, 철학의 고유한 영역을 찾기 위한, 가능, 원인들, 목적들 등의 질서를 넘어 사물 자체에 도달하기 위한 깊고 독창적인 시도가 있다. 목적성, 인과성, 가능성은 언제나 일단 행해진 것과 관련되며, 언제나 "전체"가 주어져 있다고 가정한다. (Deleuze 1956a, 41~42)[40]

2) 미규정, 예견 불가능성, 우발성contingence, 자유는 언제나 원인들과 관련한 독립을 뜻한다. 바로 이런 의미에서 베르그손은 수많은 우발을 지닌 생의 약동을 경외한다. 베르그손의 말인즉슨, 사물은 어찌 보면 자신의 원인들보다 **앞서**avant 오며, 원인들은 나중에après 오기 때문에 사물에서 시작해야만 한다는 것이다. 하지만 미규정은 사물이나 작용이 다른 무엇일 수도 있었다는 것을 뜻하는 건 결코 아니다. "현실태가 다른 것일 수 있었을까?"라는 물음은 의미 없는 공허한 물음이다. 베르그손의 과제는 왜 이 사물이 다른 것이기보다 이것인지를 이해시키는 일이다. 사물 자신을 설명해 주는 것은 차이지, 사물의 원인들이 아니다. … 베르그손주의는 차이의 철학이며, 차이의 실현의 철학이다. 몸소

---

40) 또 다음을 참조. "우리는 나중에 이런 테제가 예측 불가능한 것과 우발적인 것(le contingent)을 폐지하지 않으며, 오히려 그것들을 정초한다는 것을 볼 것이다." Deleuze (1956a), 31.

나타난en personne 차이가 있으며, 이는 새로움으로서 자신을 실현한다. (Deleuze 1956b, 72)[41]

들뢰즈는 베르그손에서, 그리고 그의 창조적 진화에서, 뜻밖의 착상을 발견한다. **새로운 것, 미규정, 예견 불가능한 것, 우연, 우발성, 돌발성, 발명, 창조, 자유** 등은 **세계가 원인들에 앞서 온다**는 점을 의미한다. 놀랍게도 원인들은 사태보다 나중에 온다. 이는 일상적 의미의 **인과성에 대한 부정**이다. 보통 인과성이라고 하면 특정 결과를 특정 원인(들)이 **필연적으로 초래**한다는 뜻이다. 그런데 원인이 결과를 필연적으로 초래한다면, 새로움의 생성은 불가능하다. 들뢰즈가 평가하기에, 베르그손 존재론의 가장 깊은 곳에는 필연적 인과성에 대한 부정이 있다. 하지만 베그르손한테서 인과의 역전을 주장하는 건 부담이 따르는 일이었을까? 들뢰즈는 『베르그손주의』에서 관련된 내용을 '삭제'했다.

7. 결론: 철학사가에서 철학자로 변신하는 들뢰즈

이상에서 우리는 『베르그손주의』보다 10년 전에 발표한 두 편의 논문을 활용해서 '초기 들뢰즈의 베르그손주의'를 재구성했다. 본 논문은 들뢰즈가 베르그손을 얼마나 정확하고 충실하게 이해했느냐를 검토하는 대신 들뢰즈가 베르그손한테서 전유한 내용을 전공자를 넘어 일반 연구자가 이해하기 쉽도록 정리하는 데 초점을 맞추었다. 두 명의

---

41) 들뢰즈의 강조. 또 다음을 참조. "본성상 차이 나는 것, 그것은 … 경향성들이다. 경향성은 그 생산물과 관련해서뿐 아니라 시간 속에서의 경향성의 원인들과 관련해서도 일차적이며, 이는 그 원인들이 항상 생산물 그 자체에서 출발해서(à partir du) 소급해서(rétroactivement) 얻어지기 때문이다." Deleuze (1956b), 47.

위대한 사상가 중 한 명이 먼저 살았던 사상가에게 받은 영향은 정확성에서 온다기보다 사상적 자극의 강도에서 오는 것이 분명하고, 그 자극의 내용을 증폭하는 것이 학술적으로 더 생산적이라고 보았기 때문이다.

들뢰즈는 언어의 틀에 갇혀 세계를 정확히 보지 못하는 변증법을 대신해서 베르그손의 '차이' 개념에 주목했다. 차이란 시간의 경과 중에서 파악되는 그런 차이다. 베르그손에게 그것은 '지속'과 '기억'이라는 이름으로 분석된 바 있다. 우주는 지속이고 차이다. 우주는 매 순간 변한다. 그래서 차이(변한다)의 반복(매 순간)이다. 반복이란 같은 것의 반복이 아니라 차이 생성의 반복, 순간의 되풀다. 이 생성의 운동, 생산의 운동이 들뢰즈가 베르그손에서 전유한 핵심 사상 중 하나다.

나아가 지금 순간 드러난 존재와 지속의 측면은 '현행'이며, 드러나지 않은 나머지 우주가 '잠재'로 이해된다. 하지만 잠재는 자신의 내적 폭발력을 통해 자신을 부단히 현행화한다. 이를 베르그손은 '생의 약동'이라 부르기도 했다. 또 그것은 우주의 '주체'적 운동이다. 전체로서의 우주는 끝없이 자신을 갱신하는 운동을 주도한다.

선행하는 원인이 필연적으로 결과를 초래한다면, 우주에 새로움과 창조는 불가능하다. 우연과 우발은 이 우주에서 필연적이고 결정적인 역할을 한다. 이 분석의 필연적 결론으로 들뢰즈는 베르그손한테서 역전된 인과를 추정한다. 그에 따르면, 세계는 원인보다 앞선다. 이 아이디어는 베르그손의 것일까, 아니면 들뢰즈의 것일까? 적어도 성숙한 들뢰즈의 철학에는 이 아이디어가 핵심에 놓여 있다. 하지만 들뢰즈는 1956년의 논문들에서 발견한 착상을 10년 뒤 『베르그손주의』에서는 생략한다. 한 철학자가 발견했지만 미처 충분히 음미하지 못한 것을 발전시키는 일이 철학사가의 일이라고 들뢰즈는 종종 주장했다. 어쩌면 우리는 철학사가에서 철학자로 변신하는 들뢰즈의 모습을 이 지점에서 목격하고 있는 건 아닐까?

참고문헌

최화 (2016), 「지속과 '차이의 존재론': 베르크손과 들뢰즈(II)」, 『철학사상』 61호, 서울 대학교 철학사상연구소.

Alliez, Eric (1998), "On Deleuze's Bergsonism", *Discourse*, vol. 20, no. 3, Wayne State University Press.

Bergson, Henri (1903), "Introduction à la métaphysique". Bergson (1959)에 재수록.

＿＿＿＿＿ (1922), "Introduction (deuxième partie)". Bergson (1959)에 재수록.

＿＿＿＿＿ (1930), "Le possible et le réel". Bergson (1959)에 재수록.

＿＿＿＿＿ (1959), *Œuvres*(édition du centenaire), texts annotated by André Robinet, introduction by Henri Gouhier, Paris: PUF.

Borradori, Giovanna (1999), "On the Presence of Bergson in Deleuze's Nietzsche", *Philosophy Today*, 43.

＿＿＿＿＿ (2001), "The Temporalization of Difference: Reflections on Deleuze's Interpretation of Bergson", *Continental Philosophy Review*, 34, Springer.

Deleuze, Gilles (1956a), "Bergson 1859-1941". Deleuze (2002)에 재수록.

＿＿＿＿＿ (1956b), "La conception de la différence chez Bergson". Deleuze (2002)에 재수록.

＿＿＿＿＿ (1966), *Le bergsonisme*, Paris: PUF.

＿＿＿＿＿ (1988), *Le pli: Leibniz et le baroque*, Paris: Minuit.

＿＿＿＿＿ (2002), *L'île déserte et autres textes: Textes et entretiens 1953-1974*, ed. David Lapoujade, Paris: Minuit.

Deleuze, Gilles and Guattari, Félix (1972), *L'Anti-Œdipe: Capitalisme et schizophrénie*, Paris: Minuit.

Lundy, Craig (2018), *Deleuze's Bergsonism*, Edinburgh University Press.

이 책에서 사용한 주요 번역어 대조

아래 수록하는 주요 번역어는 『베르그손주의』에 등장하는 들뢰즈의 주요 용어로서, 들뢰즈의 다른 저술들에 일괄 적용할 수는 없지만, 베르그손의 영향 아래 있다면 충분히 적용할 수 있다. 일반 독자에게 이 부록은 불필요할 것이다. 전문 연구자들에게는 군더더기로 느껴질 수 있다. 다만, 막 공부를 시작했거나 열심히 공부하고 있는 '학생'에게는 분명 길잡이가 될 수 있을 것이다. 옮긴이가 학생 시절에 겪었던 어려움을 가급적 빨리 극복할 수 있기를 기원하면서 정리했다. 동사에 해당하는 명사가 있으면 명사 중심으로 적었다.

acte 행위, 행동

action 작용

actualisation 현행화 (참조 effectuation)

actuel 현행 (참조 virtuel)

adéquat 적합한

affectivité 감수성

altération 변질

aperception 자각 (참조 concept, conception, perception)

appel 호출

articulation 마디

assurer 확보하다

cadre 뼈대

combinaison 조합

concept 개념 (참조 aperception, conception, perception)

conception 착상 (참조 aperception, concept, perception)

confondre avec (se) 뒤섞이다

conjonction 결합

connaissance 인식

connexion 연결

continuum 연속체

contraction 응축 (참조 détente, dilatation, expansion)

convergence 수렴 (참조 divergence)

coupe 단면 (참조 section)

couper 절단하다 (참조 découpage, recoupement)

d'emblée 단번에

découpage 재단 (참조 couper, recoupement)

dédoubler 이중화하다

dégradation 퇴락

dénoncer 고발하다 (참조 récuser, renoncer, reprocher)

déplacement 이전(移轉)

détente 이완 (참조 dilatation, contraction, expansion)

dilatation 팽창 (참조 détente, contraction, expansion)

dissociation 분해

distinction 구별

divergence 발산 (참조 convergence)

doctrine 학설

effectuation 실효화 (참조 actualisation)

élan 약동

emotion 감정

englober 병합하다

ensemble 집합

étendu 연장된 것 (참조 extension)

évocation 환기

excitation 흥분

existant 실존물

expansion 팽창 (참조 détente, dilatation, contraction)

extension 연장 (참조 étendu)

fabrication 제작 (참조 fabulation)

fabulation 이야기 꾸미기 (참조 fabrication)

insértion 삽입

installer (s') 자리하다 (참조 replacer)

instinct 본능 (참조 intelligence)

intelligence 지능 (참조 instinct)

le réel 실재

ligne 선

mélange 혼합물 (참조 mixte)

mémoire 회상 (참조 souvenir)

mixte 복합물 (참조 mélange)

objet 객체 (참조 sujet)

opération 조작

opérer 다루다, 조작하다

perception 지각 (참조 aperception, concept, conception)

phase 국면

probabilisme 개연론

réalité 현실

recoupement 교차 (참조 couper, découpage)

récuser 거부하다 (참조 dénoncer, renoncer, reprocher)

réel 진짜, 실재적, 현실적

réflexion 성찰

renoncer 포기하다 (참조 dénoncer, récuser, reprocher)

renvoyer 돌려보내다

replacer 다시 자리하다 (참조 installer [s'])

reprocher 비난하다 (참조 dénoncer, récuser, renoncer)

resserrement 좁히기 (참조 serrage)

saut 도약

schéma 도식

schème 도식

section 절단면 (참조 coupe)

serrage 밀집 (참조 resserrement)

seul et même 유일무이

seul 유일 (참조 unique)

souvenir 회상 (참조 mémoire)

succession 계속 (참조 surgissement)

sujet 주체 (참조 objet)

surgissement 솟아오름 (참조 succession)

survivre 잔존

tendance 경향성

totalité 전체성

unique 단일 (참조 seul)

unité 단일체, 단일성, 단위

vibration 진동

virtuel 잠재 (참조 actuel)

옮긴이 후기

1. 시간을 돌이켜 보며

한 권의 책을 25년 만에 '완전히 다시' 번역한다는 것의 의미는 무엇일
까? 나는 1996년에 이 책을 번역 출판했으니까. 그때까지만 해도 베르
그손은 물론 들뢰즈도 거의 알려지지 않은 초창기였으니까.

당시 나는 박사과정에 갓 입학한 학생이었고, 『베르그송주의』라
는 제목을 달고 책은 제대 다음 날 출간되었다. 당시 「옮긴이의 말」을
보면 역자로서 느낀 갑갑함이 표현되고 있다.

번역이란 물을 건네는 사공의 일이다. 많은 전제들을 감내하면서 군이
반복해 말하자면, 우리 전통에서, 번역서라는 것이 옮긴이에게 허용하
는 공간은 대단히 좁았을 뿐 아니라 그 점은 아주 당연한 것으로 인식
되어 왔다. 그리고 지금 옮긴이에게 주어진 운신의 폭도 상당히 좁다.
그러나 그것은 지금까지 얘기되었던 것과는 아주 다른 의미에서 그렇
다. 결국 번역은 삶 그 자체의 진행, 삶의 운명과도 비슷한 것이다. 모든
책의 운명은 언제나 삶의 운명에 불과했던 것이다. 이제, 옮긴이에게

주어진 그 좁은 틈을 비집고 서서, 우리네 습성상 늘 괄호쳐지기만 해온 옮긴이의 목소리를 굳이 내겠다고 하는 것은, 그 자리가 객客을 건네주고 빈 배로 돌아오는 고독한 사공의 노래가 나오는 자리이기 때문이다. 많이 미흡하긴 하지만, 남의 목구멍을 빌려 숨을 쉴 수밖에 없던 그 눌린 공간에 비하면 여기는, 하아, 공기의 맛을 좀 느낄 수 있는 곳 아닌가. 남의 얘기를, 그것도 꾸물거리는 벌레-글자들 틈을 헤집어, 좀 알아들을 법한 것만 추려서 다시 모양새를 갖추려 했으니, 손은 얼마나 더러워지고 더뎌졌겠는가. 그 지루하고 고독한, 그리하여 끝내 고통스러운 시간을 견디고 나면, 진화進化의 끝에 선 절망 비슷한 느낌이 든다. 모든 번역 작업의 끝에는 그런 느낌이 따라오는 것일까⋯. 아니다, 그렇지 않다는 것을 깨닫는다. 차라리 그것은 출간을 앞둔 책에서 느끼는 기자記者의 느낌일 것이다.

다소 치기 어린 목소리가 들린다. 지금 나는 당시 나이의 두 배 지점에 와 있다. 변한 건 무얼까? 그사이 나는 저자로서 『혁명의 거리에서 들뢰즈를 읽자』(2016), 『인공지능의 시대, 인간을 다시 묻다』(2017), 『생각의 싸움』(2019), 『뉴노멀의 철학』(2020) 등 여러 권의 책을 냈다. 독자에게 직접 말을 건네고 응답을 듣고 있다. 이 책은 이런 활동의 초석을 놓아 주었다. 그렇다, 이 책은 내 첫 책이었다. 그 후로도 나는 여러 권의 중요한 책을 더 번역했지만, 이 책의 내용은 내 생각의 바탕에 깊게 아로새겨져 있다.

　당시 이 책을 번역하게 된 계기도 「옮긴이의 말」에 적혀 있는데, 기억 차원에서 옮겨 놓고 싶다.

옮긴이의 베르그송에 대한 관심을 촉발시킨 계기는 서울대학교 대학원 철학과 1993년 봄학기 김진석 선생님의 세미나이다. 텍스트는, 나중에야 난해하기로 소문났다는 걸 알게 되었지만, 바로『물질과 기억』이었다. 더듬거리는 불어 솜씨로 그 책의 앞머리만을 따라가다가 베르그송에 이끌리게 되었고, 레퍼런스로 소개되었던『베르그송주의』를 내처 읽게 되어, 마침내 여기 독자 여러분께 소개하기에 이른 것이다.

이 책을 처음 만난 건 석사 첫 학기였고, 여름방학 내내 번역해서 선생님께 제출했던 기억이 난다. 출간된 책은 이 번역에서 크게 달라지진 않았다. 고백하자면, 휴 톰린슨Hugh Tomlinson과 바버라 하버잠Barbara Habberjam이 번역한 영어판을 프랑스어판과 나란히 놓고서 낑낑댔던 기억이 난다. 원서를 복사한 해적판이었던 프랑스어판에는, 첫 쪽부터 마지막 쪽까지, 벽돌 크기의『불한사전』에서 옮긴 깨알 같은 해석들이 적혀 있다. 이 사정은「옮긴이의 말」에 짧게 적었다.

장-파울을 읽기 위해 독일어를 배웠던 알베르 베겡처럼(그는 "나는 'sein' 동사 하나만 빼고 모든 단어를 찾아봤다"라고 적고 있다: 김현,『제네바 학파 연구』참고), 나 또한 이 책을 읽어 가는 과정이 불어를 배워 가는 과정이기도 했다.

실제로 그 후 번역한 들뢰즈와 과타리의『천 개의 고원』과『안티 오이디푸스』는 이 과정이 없었다면 불가능했을 것이다. 인터넷으로 사전을 이용하게 된 지금도, 나는 당시 애지중지했던『불한사전』을 버리지 못하고 있다.

또, 「옮긴이의 말」에는 '후진국' 땅에서 미래를 기약할 수 없는 학생의 먹먹함도 서술되어 있다.

나는 아직 학생이다. 그리고 당분간 여전히 학생으로 남게 될 것이다. 그리고 노력과 결과가 무관하다는 걸 십분 인정하지만, 어쨌거나 나는 열심히 번역에 임했다. 물론 이 사실이 나의 미숙함에 대한 변명이 될 수는 없을 것이다. … 학생이란 말을 존재론적으로 사용할 수도 있겠지만, 나는 그런 거창한 학생이라기보다는, 이 후진 땅 한국에서 안일한 일상을 조건 삼아 굼뜬 언어로 말하고 남의 눈으로 바라보며 뻣뻣한 손가락으로 글을 쓰는 것에 익숙해 있는 조야한 학생이다.

당시 내 고민 중 하나는 과연 한국에서 '학문'을 할 수 있을까였다. 유학을 떠날 형편이 아니었다는 점도 한몫했다. 그렇게 20년도 넘게 이 땅의 현실에 밀착하며 공부를 하다 보니, 어느새 한국은 선진국이 되어 있었고 그 경로와 우여곡절도 값진 자산으로 남았다. 나는 한 사회가 잿더미에서 선진국이 되는 과정을 똑똑히 목격했으니까. 내가 지금 학자로서 후학에게, 또 민주 시민에게, 이런저런 이야기를 자신 있게 건넬 수 있는 건, 땅에서 함께 뒹군 그 경험 덕분이다.

회고를 마치며, 덧붙일 말이 있다. 당시까지만 해도 베르그손의 책은 별로 번역되어 있지 않았다. 지금은 출간된 책을 거의 다 번역으로, 그것도 복수의 번역으로 접할 수 있다. 독자가 이 책 말고 베르그손 원전 번역을 직접 읽어 보며, 위대한 사상가의 통찰을 맛볼 수 있기를 바란다. 책의 제목과 관련해서도 한마디 하겠다. 당시까지만 해도 학계에서는 Bergson의 표기법이 통일되지 않았고, 그래서 나는 당시까지 써

오던 표기법을 따르는 쪽을 택했다. 하지만 그 후로 전공자를 중심으로 '베르그손'이라는 표기가 대세를 이루었고, 그에 따라 제목도 『베르그손주의』로 바뀌게 되었다. 끝으로, 당시 이 책을 기꺼이 내 주신 문학과지성사 대표 김병익 선생께 거듭 고마움을 표하고 싶다. 책이 출간된 후 선생께서는 "인세가 너무 적다"라며 책 50권을 얹어 주셨다. 번역 인세 3퍼센트였고 정가가 4500원, 1000부 해봤자 겨우 13만 5000원이었으니 놀라실 만도 했다. 그 따뜻한 마음은 아직도 생생하다.

2. 들뢰즈에게 베르그손이란

대학 시절 들뢰즈를 기억하는 친구들은 그가 남다른 '읽기 능력'을 가졌다고 회고한다. 자신들이 미처 보지 못한 지점을 잘도 찾아내어 의미를 확장해 가더라는 것이다. 프랑스의 대중 저술가 미셸 옹프레는 들뢰즈를 소개하며 당대의 명강사라고 했지만, 들뢰즈의 진짜 장점은 친구들이 회고한 읽기 능력이다. 특히 들뢰즈는 철학사 연구를 통해 위대한 철학자의 알려지지 않은 장점을 아주 잘 보여 주곤 했다. 심지어 들뢰즈는 한 철학자가 직접 진술하지 않았더라도 정신 차리고 더 오래 살았더라면 했을 법한 말을 그 철학자의 사상이라고 소개한다. 그것이 들뢰즈가 말하는 '철학적 초상화'다. 해당 철학자의 전문가가 들뢰즈의 작업을 쉽게 반박하지 못하는 이유도 거기에 있다. 들뢰즈의 해석은 아주 이상한데, 그런데도 분명 그 철학자의 모습이라는 걸 부인할 수 없다.

들뢰즈의 철학사 연구는 단행본을 기준으로 연대기순으로 보면, 흄, 니체, 칸트, 베르그손, 스피노자의 순서로 열거될 수 있지만, 속을 들여다보면 베르그손은 독특한 지점에 자리하고 있다.

1952년 앙드레 크레송André Cresson과 함께 흄의 글을 묶고 해설한 책인 『데이비드 흄: 그의 생애, 작품, 철학』*David Hume: Sa vie, son œuvre, sa philosophie*을 출판한 들뢰즈는, 이듬해 자신의 대학 졸업논문인 『경험주의와 주체성: 흄에 따른 인간 본성 시론』(1953)을 출판한다. 연구자들은 1962년에서야 『니체와 철학』을 출판한 점을 꼽으며, 긴 출판 공백에 대해 가령 마이클 하트는 "지하 연구"subterranean research라고 표현하기도 했다. 이 진단은 단행본 연구서라는 관점에서는 옳지만 조금 다른 관점에서는 꼭 들어맞지는 않는다.

이 책의 부록 「옮긴이 해제: 들뢰즈의 초기 베르그손주의」에서 자세히 소개했듯, 들뢰즈는 1956년(흄에 대한 책을 낸 후 3년밖에 안 지났다)에 베르그손에 대한 두 편의 글을 발표한다. 하나는 메를로퐁티가 편집한 『유명한 철학자들』에 수록된 「베르그손 1859-1941」이라는 짧은 글이며, 다른 하나는 『베르그손 연구』 4호에 발표한 「베르그손에 있어 차이의 착상」이라는 비교적 긴 글이다. 이듬해인 1957년에는 흄에 대해 그렇게 했듯이 『베르그손: 기억과 삶』*Bergson: Mémoire et vie*이라는 베르그손의 글 모음집을 출간했다. 1966년의 『베르그손주의』는 이처럼 오랜 연구의 한 매듭일 뿐, 『니체와 철학』의 관점에서 베르그손을 해석한 책이 아니다.

이뿐 아니다. 들뢰즈의 작업 스타일을 보여 주는 다른 예도 많다. 들뢰즈는 1959년에 「의미와 가치」Sens et valeurs라는 글을 발표하고, 이것이 『니체와 철학』의 근간이 되었다. 1961년엔 「자허마조흐에서 마조히즘으로」De Sacher-Masoch au masochisme라는 글을 발표하고, 이것은 1967년의 『자허마조흐 소개』로 이어진다. 1961년에서 1968년 사이에 발표한 글들이 1969년 『의미의 논리』의 근간을 이루는 건 말할 것도 없다. 과타리와의 만남 이후로 가 보면, 둘은 1970년에 「분리 종합」La synthèse disjonctive이라는 글을 발표하고, 이것이 1972년의 『안티 오이디푸스』로 확장된다. 1973년에 둘은 「새로운 측량사: 『성』에서 내공들과 유년기의 블록들」Le Nouvel arpenteur: Intensités et blocs d'enfance dans Le Château을 발표하고, 이것이 1975년의 『카프카: 소수 문학을 위해』로 발전한다.

방금 살핀 연구와 글쓰기 스타일을 보면, 나아가 어떤 주제건 연구에는 일정한 시간이 필요하다는 점을 고려하면, 들뢰즈에게 베르그손은 니체보다 먼저 왔다는 점이 분명하다. 이 점에서 니체가 오랜 침묵 끝에 불쑥 찾아온 첫 번째도 아니고, 엄밀히 말해 침묵이 그리 길지도 않았다고 보는 것이 합당하다. 그런 점에서 조반나 보라도리가 들뢰즈의 니체 연구가 오히려 베르그손 연구에 영향을 받았다고 주장한 것도, 그 진위를 따지기 전에, 일리가 있다. 하지만 더욱 중요한 점은 초기 들뢰즈의 베르그손 연구가 실제 중요성보다 많이 간과되었다는 점이다.

비록 1966년에 출간되었고, 「옮긴이 해제」에서 보였듯 1956년의 두 글에서 후퇴한 부분도 있어 보이지만, 『베르그손주의』는 들뢰즈 사상의 중핵을 차지한다. 연구자로서 내가 이 책을 통해 들뢰즈에 입문했다는 점은 이 점에서 굉장한 행운이었다. 그러고 보면 나의 석사논문 「니체의 '영원회귀' 사상 연구」는 주된 참고문헌인 『니체와 철학』과 더불어 『베르그손주의』의 자장 아래 썼던 것이다.

또한, 들뢰즈의 후기 작업인 『운동-이미지: 영화1』(1983)과 『시간-이미지: 영화2』(1985)에서 베르그손과 니체가 각각 절반의 역할을 담당한다는 점도 주목할 만하다. 물론 '가짜의 권력'Les puissances du faux이라는 최종 주제는 니체로 향하긴 하지만 말이다. 전체 사상(과타리와 함께 한 작업을 포함해서)의 조망 아래서 평가하더라도, 베르그손은 니체만은 못해도 스피노자만큼은 역할을 담당하고 있다. 연구자들 사이에서 이 점이 충분히 부각되지 않은 점은 크게 아쉽지만, 지금에서라도 들뢰즈의 철학에서 베르그손의 중요성이 주목되었으면 하는 바람이다. 특히 '사회'와 '자유'의 관계라는 주제는 더 깊게 탐구해야 하는 시점이 아닐까 한다.

한 권의 책을 번역하며 주석을 달고 꽤 긴 해설 논문을 부록으로 붙인 뒤에, 다시 이 책에 대해 요약해서 설명하는 것은 부질없는 짓으로 보인다. 들뢰즈의 글이 난해하기로 유명하지만, 적어도 철학사 연구는 쉽게 읽힌다. 초심자일지라도, 철학에 어느 정도만 입문해 있는 상태라면, 분명 잘 읽어 낼 수 있다. 한편 내가 쓴『생각의 싸움』은 서양 철학사의 주요 인물과 주제를 개관하고 있기 때문에, 미리 개괄하면 들뢰즈를 읽는 데 도움이 될 것으로 자신한다.

3. 이제는 나의 철학을 진행하며

이번에 책을 새로 번역하면서, 한 글자 한 글자 다시 곱씹어 보았다. 처음부터 끝까지 읽은 건 굉장히 오랜만이지만, 내가 생각보다 베르그손의 얼굴을 한 들뢰즈에게 깊게 영향받았었다는 사실을 새삼 확인할 수 있었다. 내가 니체한테서 영향받았다고 생각했던 부분의 상당 정도는 베르그손에서 온 영향이었다.

전에 펴냈던 책이 절판되고 그린비에서 판권을 인수하여 새로 번역하는 과정에서 옛 역자를 다시 찾은 건 나에겐 굉장한 행운이다. 옛 번역의 오류를 잡아내고 문장을 다듬고 들뢰즈의 사상을 다시 정리하면서 새삼 배운 바도 많다. 이런 기회를 주신 유재건 대표와 꼼꼼하게 원고를 편집해 준 홍민기 편집자님께 감사드린다. 매번 책을 낼 때마다 오래 참고 기다려 준 식구들에게도 고마움을 표하고 싶다. 맛있는 거라도 함께 먹으러 가고 싶지만, 세상이 만만치 않다. 모두가 좋아져야 진짜로 좋아질 수 있다는 진실이 확인되고 있는 시절이다.